MONDO ITALIANO

CW01476828

0001764
C. AMATO
MONDO ITALIANO
EDIZIONE 4°
BONACCI EDITORE

Concetta Amato

MONDO ITALIANO

Testi autentici sulla realtà sociale e culturale italiana

4ª edizione

Bonacci editore

L'editore è a disposizione degli aventi diritto con i quali non è stato possibile comunicare nonché per eventuali invo-
lontarie omissioni o inesattezze nella citazione delle fonti dei brani e immagini riprodotte nel presente volume.

I diritti di traduzione, di memorizzazione elettronica, di riproduzione e di adattamento totale o parziale, con qualsiasi mezzo (compresi i microfilm e le copie fotostatiche), sono riservati per tutti i paesi.

Bonacci editore
Via Paolo Mercuri, 8 - 00193 Roma
(ITALIA)

Tel. 06/68.30.00.04 - Fax 06/68.80.63.82

© Bonacci editore, Roma 1993
ISBN 88-7573-261-2

PRESENTAZIONE

Niente lingua senza cultura! Il che equivale a dire: non si parla se non della vita... Il linguaggio non è un guscio vuoto; è una chiave per aprire i segreti della vita, per capire l'uomo e per esprimerne i palpiti e i pensieri.

Concetta Amato aveva già realizzato questi principi di sana "pedagogia" linguistica - al di là di una mera "didattica" dell'insegnamento della lingua italiana a stranieri - nelle precedenti antologie. Raccolte, cioè, non di brani più o meno interessanti e stuzzicanti la curiosità dello studente straniero, ma repertori di vivaci ricette e succosi menù linguistico-culturali, dai quali la lingua italiana emerge appetitosa e succulenta. Ora, se il *primum* di ogni efficace didattica-pedagogia delle lingue sta nella autentica e viva motivazione dello studente, non è chi non veda come un approccio fondato su testi di lingua e cultura "autentica" (concetto spesso proposto e discusso dai glottodidatti contemporanei) contenga una altissima garanzia di successo.

I testi scelti sono infatti tratti da fonti di informazione quotidiana (giornali, riviste, manifesti, vignette, canzoni), e presentano con freschezza e realismo le vicende della vita italiana di tutti i giorni; il modo di trattare i bambini, la sorte delle donne, la religione come fatto quotidiano, il carattere delle persone, ossia la "gente" in tutte le sue varietà; inoltre, la "casa" nelle sue problematiche sociali ed ecologiche: tipi di alloggio, le modalità dell'abitare, la difesa dell'ambiente; poi, naturalmente, il "lavoro": dalla scuola alla professione, i diritti dei lavoratori, le varie forme di occupazione nella società italiana d'oggi; infine il "tempo libero", trapuntato di televisione, di musica, cinema, letture, sport...; ma ancora, i "viaggi", le "compere" e il comprare, i "problemi d'oggi", tipici degli Italiani, e solo in parte comuni con quelli di altri cittadini, ecc. ecc.

Insomma, non mancano gli spunti per conoscere la società e la storia italiane. Ma su questo florido tronco rinverdiscono fiori e foglie rigogliosi, ossia temi linguistici che implicano strutture tipiche della *lingua* italiana. Donde un coro di esercizi d'uso della lingua viva, che impegnano lo studente a discorrere di fatti reali e di temi interessanti. Discutere, raccontare, ripetere, completare, ricostruire... sono funzioni discorsive che ravvivano la lingua e danno all'apprendimento un piglio realistico. Da cui la motivazione esce rafforzata, ma anche le varie funzioni di apprendimento - dall'attenzione, alla giusta percezione, alla imitazione, alla creazione, alla comprensione adeguata della forma e dei contenuti - vengono di continuo e in maniera variata messe in moto.

Dunque, uno strumento per un apprendimento sommamente attivizzato. Che cosa si potrebbe desiderare di più?

Renzo Titone
Università di Roma e di Toronto

PREFAZIONE

Esce, a nove anni dalla prima, la terza edizione, completamente aggiornata ed ampliata, dell'antologia *Mondo italiano*.
Profondi cambiamenti hanno caratterizzato in questi anni l'evoluzione della realtà sociale e culturale in Italia e di questi cambiamenti non poteva non tener conto una selezione di testi autentici tratti prevalentemente dai principali periodici italiani.

Alle sei sezioni della precedente edizione (1. La gente, 2. La casa, 3. Il lavoro, 4. Il tempo libero, 5. In viaggio, 6. Comprare) se ne è aggiunta una settima (Temi d'oggi) nella quale vengono presentati argomenti di viva attualità non legati a singole aree tematiche.

Destinata a stranieri che apprendono, in Italia e all'estero, la lingua italiana e che hanno già raggiunto un buon livello di conoscenza linguistica acquisito per vie diverse, offre ad insegnanti e studenti, per lo studio individuale, per le classi di lettura e di conversazione, una scelta di argomenti che consente di tracciare itinerari tematici individualizzati. Una delle finalità di questa antologia è il cercare di consolidare l'apprendimento linguistico attraverso la comprensione alla lettura, e di favorire l'approfondimento della conoscenza dei contesti socioculturali in cui la lingua vive.

I materiali autentici sono divenuti ormai nucleo centrale per la costruzione di ogni corso di lingua in cui interagiscono:
1. l'utilizzazione diretta, grazie alla quale il materiale autentico diventa esso stesso materiale didattico (lo studente compila un modulo, risponde ad un annuncio, completa un questionario);
2. l'utilizzazione indiretta, attraverso la quale il materiale autentico fornisce gli elementi linguistici per la costruzione di esercizi fortemente motivanti (costruzione di interviste, risposta a domande, esercizi di completamento).

La scelta dei temi segue il tracciato segnato dall'elenco di situazioni raccolte nel *Livello soglia* (1981), strumento insostituibile per chi predispone una programmazione destinata all'insegnamento dell'italiano come lingua straniera.
L'insegnante può costruire dei percorsi modulari che assecondino gli interessi personali dei singoli allievi individuando gli aspetti essenziali per muoversi nel mondo italiano mediante il continuo confronto tra gli aspetti della realtà del paese di cui sta imparando la lingua con quelli del paese in cui vive o da cui proviene giungendo ad un progressivo arricchimento della propria competenza sociolinguistica.

Il bagaglio lessicale che lo studente si costruisce attraverso itinerari basati su repertori linguistici preordinati e non ad accesso casuale, permette di rispettare le finalità didattiche di un programma che si basi su frequenza e disponibilità del lessico e delle strutture.

Accompagna l'antologia un manuale di esercizi, realizzato a parte ed utilizzabile autonomamente, che comprende tavole operative di analisi linguistica, batterie di esercizi comunicativi, ed esercizi grammaticali basati su presupposti tradizionali quale ulteriore momento di riflessione sulla lingua.

MODELLO DI ATTIVITÀ DI COMPRENSIONE DEL TESTO

1 introdurre l'argomento senza cominciare con la lettura
2 lettura obliqua e parole chiave
3 domande di prelettura
4 ricerca dei sinonimi e dei contrari
   rapporto causa-conseguenza
   spiegazione
5 lettura con domande specifiche
6 analisi del testo (a che cosa si riferisce)
7 indicare quali sono le forme verbali ed elencarle.

PARTE PRIMA

LA GENTE

I bambini: *"051/222525" di Fabio Concato*
Viva l'asilo made in Italy
Giochi pericolosi dei bambini
A scuola da 0 a 14 anni
I bambini e:

Gli anziani: *Chi è anziano*
I servizi socio-assistenziali per gli anziani

Le donne: *"Che Bambola" di Fred Buscaglione - L. Chiosso*
Non faccio più la strega
Parità, pillola e divorzio
I diritti

La famiglia: *Ebbene sì*
Matrimonio e uguaglianza
Comunione o separazione dei beni
Il divorzio compie 20 anni

La religione: *Ma com'è cambiata la fabbrica dei preti*
Noi preti
Religioni a confronto
La guardia svizzera
Il conclave

Il carattere: *Il linguaggio delle smorfie*
I segni zodiacali
Dimmi in che modo dormi
Maghi, magie e soldoni

051/222525*

di Fabio Concato
Ed. Polygram Italia - Milano

E tutti in fila ad aspettare
che scatti quel semaforo
avessi almeno la mia radiolina che a sentirla è uno spettacolo
e guarda che ti ho visto con le mani dentro al naso: sei romantico
e poi la stessa mano te la passi tra i capelli sei fantastico.
Ma quanti manifesti colorati: così grandi non li ho visti mai
che gambe deliziose... son le calze un po' velate, tu non le compri mai
biscotti per l'infanzia, poveretta, carte igieniche lunghissime
sentissi come è morbida e ogni volta viene voglia di "cosare".
E all'improvviso arrivi tu, un manifesto in mezzo agli altri
su quel faccino quanti pugni, quante botte ma lo sai
che ti potevano ammazzare?
"Su babbo smettila di bere,
non mi picchiare un'altra volta, che ogni volta ho più paura
e quando cerco di scappare non arrivo mai alla porta
mi raggiungi e sei una furia
non c'entro niente coi tuoi guai
non c'entro con i dispiaceri
non ti ricordi, ieri, che mi portavi al mare?"
E siamo ancora fermi ad aspettare
che scatti quel semaforo
avessi almeno la mia radiolina che a sentirla è uno spettacolo
e guardo il mio vicino è lì tranquillo tramortito dal suo stereo
e arrivano frequenze così basse che divento tachicardico.
Ma quanti manifesti colorati: così grandi non li ho visti mai
c'è un brandy un po' speciale per un fico eccezionale,
non me lo compri mai...
e detersivi così intelligenti che gli manca solo di parlare
e macchine potenti e prestigiose che se non puoi... le puoi rubare.
E all'improvviso torni tu,
un manifesto in mezzo agli altri,
e hai un faccino così triste che a guardarti dentro gli occhi
ci si potrebbe vergognare
"Ma babbo non ho fatto niente, non mi picchiare un'altra volta
che ogni volta ho più paura, e ho paura ormai di tutto,
di pensare e di parlare, ho anche paura di dormire, ma, giuro,
quando sarò grande mi voglio vendicare: non mi ricorderò mai più
che mi portavi al mare".
E finalmente ci muoviamo tutti, con te che mi vuoi stringere...
io sto pensando ancora a quel faccino, passa, se vuoi passare...
Ma quanti sono quei faccini e quanto sono disperati
li senti piangere ogni notte e non c'è mai nessuno che li aiuti
e tutti a dire: "Che vergogna!" ma tutti a chiudere la porta
"In fondo a noi cos'è che importa, il nostro bimbo è qui che sogna"
ma per Dio di là c'è un altro bimbo uguale
che ha bisogno di sognare
magari un padre un po' diverso
che lo porti un'altra volta al mare.

* è il numero del Telefono Azzurro

La classifica di 'Newsweek' mette a confronto istituti di tutto il mondo

Viva l'asilo made in Italy

Dall'America un oscar al Belpaese per le migliori scuole materne

dal nostro corrispondente ARTURO ZAMPAGLIONE

Così funziona il "Diana" di Reggio Emilia, in testa alle classifiche Usa

Quell'atelier modello per bimbi felici

REGGIO EMILIA (*f.s.*) – La scuola materna per l'infanzia «Diana» sembra la casa degli gnomi: una costruzione bassa e lunga con i mattoni, in mezzo ai giardini pubblici di Reggio. Ospita 75 bambini dai 3 ai 6 anni. I bambini sono divisi in tre sezioni da 25 unità: ogni sezione lavora sempre con due insegnanti dalle 8 del mattino fino alle 16 e, su richiesta dei genitori, anche fino alle 18. Di particolare importanza è la figura dell'«atelierista», una terza insegnante che conduce l'atelier, cioè uno spazio polivalente all'interno della scuola materna. «Attualmente l'atelierista è ad Amburgo per aggiornamenti», spiegano le insegnanti del «Diana». In breve, l'atelier è un ampio spazio nella scuola, curato in ogni minimo particolare, dove i bambini vengono stimolati attraverso colori e suoni. Una insegnante spiega che i piccoli ospiti si sono dedicati ultimamente allo studio delle ombre: «Simulavano delle ombre su

un pannello – raccontano – e i bambini dovevano riprodurle in base alla distanza che avevano dal punto luce».

I risultati dei lavori sono poi confluiti in un libro: «Non è l'unico libro che abbiamo fatto – spiegano le insegnanti, sorprese dall'improvvisa ondata di notorietà – abbiamo curato altre pubblicazioni sia per i genitori dei bambini che per l'esterno». Anche i genitori vengono coinvolti nella vita del bambino all'interno dell'asilo.

Ma com'è la giornata tipo di un bimbo dell'asilo «Diana», che da circa venti anni si occupa a Reggio di sperimentare nuove tecniche didattiche? Dopo un primo momento mattutino di gioco, i bimbi prendono parte ad una riunione con le insegnanti in cui viene stilato il programma della giornata. Le insegnanti occupano delle specie di bancarelle da cui coordinano l'azione dei bambini i quali si gestiscono autonomamente la giornata. «Li voglia-

mo abituare a partire da 3 anni ad organizzarsi da soli», continuano le insegnanti del «Diana». E così il bimbo può andare nello «spazio-travestimenti» e mettersi un cappello, un mantello, una maschera e trasformarsi nel personaggio che vuole, oppure può andare a fare acquisti. Nell'asilo, infatti, è presente un negozio vero e proprio, ed i piccoli ospiti con i loro borsellini si abituano a fare i conti, comprano oggetti di cartoleria e cancelleria. All'interno della scuola c'è una biblioteca, un caleidoscopio a specchi, audiovisivi e animali domestici, uccellini e pesci rossi, che nei giorni scorsi sono stati uccisi da alcuni vandali entrati nottetempo nei locali. «Nell'arco di un mese i nostri programmi prevedono che il bambino si occupi di musica, matematica, misurazioni, linguaggio in parti uguali – concludono le insegnanti – il tutto con uno sforzo organizzativo che dura da vent'anni».

13

GIOCHI PERICOLOSI DEI BAMBINI

ordine e pulizia nei giocattoli non lasciarli in giro, (cadute)

attenzione alle scale,

non giocare con i fiammiferi e le buste di plastica (soffocamento)

alle finestre, ai balconi, (cadute)

A SCUOLA DA 0 A 14 ANNI

| ASILO NIDO | da 0 a 3 anni | Lo frequenta il 5% dei bambini italiani |
| SCUOLA MATERNA | da 3 a 5 anni | È frequentato dall'89% dei bambini |

SCUOLA DELL'OBBLIGO

| SCUOLA ELEMENTARE | da 6 a 10 anni | La scuola dell'obbligo in Italia comprende la scuola elementare e la scuola media. L'età della scuola dell'obbligo va dai sei ai quattordici anni.
Ma è ormai convinzione che in un paese industrializzato una preparazione obbligatoria limitata alla terza media non sia sufficiente. |
| SCUOLA MEDIA | da 11 a 14 anni | |

SCUOLA MEDIA

I	II	III	MATERIE D'INSEGNAMENTO
7	7	6	Italiano
4	4	5	Storia, Educazione civica e Geografia
3	3	3	Lingua straniera
6	6	6	Scienze matematiche, chimiche, fisiche e naturali
3	3	3	Educazione tecnica
2	2	2	Attività artistica
2	2	2	Educazione musicale
2	2	2	Educazione fisica
1	1	1	Religione
	30 ore		TOTALE

IL TELEFONO AZZURRO è nato l'8 giugno 1987

È nato perché non era più possibile tenere nell'ombra una diffusa realtà infantile e familiare di disagio e di sofferenza. Perché era necessario ed è necessario combatterla e soprattutto prevenirla. **Ogni giorno, 24 ore su 24, il TELEFONO AZZURRO risponde concretamente ai problemi di bambini e genitori.**

**IL TELEFONO AZZURRO.
DIFENDE I MINORI, AIUTA GLI ADULTI.**

La violenza è un fenomeno che ha solo vittime:
- i bambini e gli adolescenti che subiscono abusi, violenze fisiche e psicologiche, abbandoni.
- i genitori che non riescono ad avere rapporti positivi e sereni coi propri figli.

I bambini e:
(da: *Più Bella*, 1991)

Adulti	- Gli adulti sono grandi perché lavorano.
Amicizia	- Amica è chi mi presta i suoi giocattoli senza piangere.
Amore	- L'amore è una cosa che fanno i grandi per conoscersi.
Animali	- Qui gli animali come il leone non ci sono. Sono solo in America.
	- L'elefante è buono perché è grande. Anche la balena.
Babbo Natale	- Quando Babbo Natale viene, la mamma e il mio papà devono avere tanti soldi. Io lo so perché ho chiesto la bicicletta.
Inquinamento	- L'inquinamento è formato da tutte le cose sporche, le bottigliette di Coca Cola, le viti e la terra.
Matrimonio	- Io mi sposerò solo quando sarò grande grande perché quando ti sposi poi devi sempre dire dove vai.
Poveri	- I poveri non hanno niente perché non vanno a lavorare.
Supermercato	- Nel supermercato c'è cioccolato, prosciutto, uova, patatine e dentifricio.
Telegiornale	- I grandi non possono guardare i cartoni animati e allora guardano il loro telegiornale.
Vecchi	- I vecchi hanno la barba e vanno a prendere i bambini a scuola.
	- Gli anziani sono delle persone sagge, solo che sono vecchie e hanno tante malattie.
	- I vecchi sono i nonni, hanno i capelli bianchi e vanno in cielo.
	- I vecchi stanno a casa, fanno la spesa e mangiano.
	- I vecchi hanno freddo, i bambini no.

GLI ANZIANI

(da: *Roma Comune*, 1980)

NON VOLEVO VIVERE SOLO, MA MIO FIGLIO HA LETTO CHE È DI GRAN MODA.

ALTAN.

CON LA CRESCITA ZERO, IL PAESE INVECCHIA.

TRA UN PO' AVREMO UN PENSIONATO A CARICO DI OGNI DISOCCUPATO.

ALTAN.

Chi è anziano

L'Organizzazione mondiale della sanità definisce di "età media" le persone dai 45 ai 59 anni, di "età avanzata" quelle tra i 60 e i 75 anni, "vecchi" gli ultra 75enni. In Italia, in conseguenza dell'aumento della vita media, si parla di "terza età" dopo i 65 anni (anche se in certi rilevamenti statistici si considerano anziane le persone dai 60 anni in su), di "quarta età" dopo i 75-80 e di "quinta" oltre gli 85-90. Altri studiosi distinguono tra "vecchi giovani" e "vecchi vecchi": il confine è sui 75-80 anni.

Non si finisce mai di imparare

UNIVERSITÀ POPOLARE

DELLA TERZA ETA'

SEGRETERIA CENTRALE E PRESIDENZA

Via del Seminario 102
00186 Roma - Italia
Tel. 06 6840452-6840453-6990120
Fax 06 6840453

C'è chi propone di considerare la "quarta età" dopo la speranza di vita media: 71 anni per i maschi, 78 per le femmine. C'è anche chi suggerisce di considerare "età anziana" (da stabilire postuma) solo gli ultimi cinque anni prima della morte e, infine, chi preferisce parlare di "condizione anziana" senza suddivisioni per fasce di età.

(da: *Il Salvagente*, (L'Unità), 10/6/89)

Ricerca e sperimentazione nelle università popolari della terza età per trasformare la cultura e i modelli di vita

di ARGIUNA MAZZOTTI gerontologo

I vecchi sono cambiati, e non poteva essere diversamente perché è cambiata anche la vecchiaia. Primo, la vecchiaia si è spostata di vent'anni nella vita di ciascuno. A dire oggi che a 60-70 anni si è vecchi si rischia l'offesa.

Secondo, la crescita della popolazione anziana e della durata della vecchiaia, sta cambiando l'atteggiamento del mondo produttivo, culturale e politico verso la terza fase della vita.

Terzo, la vecchiaia è diversa per tutti. Bisogna smettere di pensare ai vecchi come ad una categoria. È più facile che i ferrovieri, i militari, i siciliani abbiano più interessi comuni che non i vecchi, perché la loro testa è più differenziata.

La vecchiaia si è prolungata, e più gente diventa vecchia, perché sono cambiate in meglio le condizioni della vita, per le vaccinazioni, perché l'età dello sviluppo è stata facilitata, perché si è vissuto in buone condizioni ambientali, non sono mancati gli alimenti, e si è più informati. In una parola ci si è ammalati di meno, e si è guariti senza postumi.

I giapponesi dicono che si potrebbe campare fino a 110 anni.

Servizi socio-assistenziali

Ecco alcuni dei principali servizi socio-assistenziali previsti per gli anziani:

Case protette. Hanno lo scopo di rispondere ai bisogni di anziani non autosufficienti dal punto di vista psicofisico e non più in grado di poter restare presso la propria abitazione. Fra le prestazioni fornite agli ospiti: assistenza alberghiera, assistenza nelle attività fisiche, assistenza sanitaria fornita dall'Usl, attività di animazione e di socializzazione (lavoro creativo, tombola, film, lettura dei giornali, ecc.), attività esterne (uscite "guidate" nella città, accompagnamento al cinema, ecc.). È previsto il pagamento di rette in proporzione al reddito.

Centri diurni. Sono servizi rivolti ad anziani totalmente o parzialmente non autosufficienti in condizione, però, di potersi spostare dall'abitazione sia pure in modo assistito. Lo scopo è quello di fornire a questi anziani l'assistenza socio-sanitaria di cui hanno bisogno e, nello stesso tempo, di supplire alla famiglia per un certo numero di ore al giorno.

Assistenza domiciliare. Ha lo scopo di concorrere al mantenimento dell'anziano presso il proprio domicilio. Fornisce, fra le altre, queste prestazioni: aiuto per il governo della casa, aiuto nelle pulizie personali, nella assunzione dei pasti, ecc., aiuto nelle cure mediche, accompagnamenti "fuori casa", aiuto nel disbrigo di pratiche burocratiche, ecc.

Case di riposo, case albergo. Si tratta di strutture pubbliche e private che accolgono a pagamento anziani e i cui livelli di assistenza variano notevolmente, così come le rette richieste. Spesso c'è una presenza mista di anziani autosufficienti e non autosufficienti.

Centri sociali per anziani. Sono strumenti di socializzazione, mezzi per favorire la vita di relazione degli anziani. La tendenza è quella di concepirli come aperti anche ai cittadini di età diversa.

Attività motoria. Ci sono Comuni che realizzano attività motorie per gli anziani.

Soggiorni climatici. Da parecchio tempo vengono organizzati da numerosi Comuni e comportano, di solito, un contributo da parte degli anziani che ne usufruiscono.

Minimo garantito. Si tratta di un'integrazione economica data a chi si trova in determinate condizioni di bisogno per portare i redditi a un livello minimo (uguale per tutti) necessario per sopravvivere.

Mini appartamenti. Sono alloggi acquistati dai Comuni, spesso ristrutturati, dati in affitto a prezzi modesti ad anziani, soprattutto alle coppie, e a portatori di handicap.

LE DONNE

"Che Bambola!"

di Fred Buscaglione - L. Chiosso
ed. Melodi - Milano

Mi trovavo per la strada circa all'una e trentatré,
l'altra sera mentre uscivo dal mio solito caffè,
quando incrocio un bel mammifero modello "103"...
(fischio) ... Che Bambola!
Riempiva un bel vestito di magnifico lamé,
era un cumulo di curve come al mondo non ce n'è,
che spettacolo le gambe, un portento, credi a me...
(fischio) ... Che Bambola!
"Ehi, ehi, ehi, le grido, piccola,
dai, dai, dai, non far la stupida,
sai, sai, sai, io son volubile
se non mi baci subito
tu perdi un'occasion".
Lei si volta, poi mi squadra come fossi uno straccion
poi si mette bene in guardia come Rocky, il gran campion,
finta di destro e di sinistro lei m'incolla ad un lampion
(fischio) ... Che Bambola!
Lei, lei, lei, spaventatissima
lì per lì diventa pallida,
poi, poi, poi, allarmatissima
m'abbraccia per sorreggermi:
le faccio compassion!
Sai com'è: ci penso sopra poi decido che mi va
faccio ancora lo svenuto, quella abbozza e sai che fa?
Implorandomi e piangendo un bel bacio lei mi dà:
(fischio) ... Che Bambola!
(fischio) (fischio) ... Che Bambola!

PRIMA VADO AL CONSIGLIO DI QUARTIERE, E POI A UNA LEZIONE DI ECONOMIA DOMESTICA: NON ATTENDERMI A CENA. SE PASSA LUIGINA DILLE CHE SONO ANDATA AVANTI, SE TELEFONA ROSSELLA DILLE PURE DOVE SONO, SE TELEFONA ANNA DILLE DI RICHIAMARE DOMANI, SE TELEFONA MIA MADRE INVITALA A CENA COSÌ TI TERRÀ COMPAGNIA. AIUTA MARCO A FARE I COMPITI, PREPARAGLI UNA MINESTRINA E DUE FETTE DI ARROSTO, DAI LA PAPPINA A LAURETTA ALLE OTTO IN PUNTO. NON AFFATICARTI: BASTERÀ CHE TU RIGOVERNI, RIORDINI CUCINA E SALA DA PRANZO, RIFACCIA I LETTI, METTA A DORMIRE I BAMBINI, PORTI FUORI UN PO' IL CANE E FACCIA ENTRARE IL GATTO: POI GUARDA PURE LA TELEVISIONE E DIVERTITI. E NON ASPETTARMI SVEGLIO: TORNERÒ MOLTO STANCA.

(da: *Domenica del Corriere*, 21/2/79)

NON FACCIO PIÙ LA STREGA
Rapporto sulla donna '91/Com'è cambiata
(da: *Panorama*, 10/3/91)

«Una svolta storica. Il divorzio»: sono passati vent'anni e poco più dalla copertina di *Panorama* che nel dicembre 1970 raccontava la vittoria della legge Fortuna-Gaslini. Vent'anni che hanno profondamente cambiato la vita delle donne italiane. Alcune tappe: marzo 1971, legalizzazione della pillola anticoncezionale; maggio '74, referendum sul divorzio; maggio '78, legge sulla legalizzazione dell'aborto; maggio '81, referendum sull'aborto.

Fatma Ruffini

Amministra un budget di oltre 100 miliardi all'anno. Produce migliaia di ore di trasmissioni televisive. Silvio Berlusconi la considera uno dei suoi migliori «uomini». Fatma Ruffini, emiliana di Reggio, regina dei quiz e dei varietà delle reti Fininvest, alla «presa del potere» ha sacrificato il meno possibile. «Ho una figlia di 18 anni e un marito che per fortuna fa il musicista e la televisione non sa nemmeno che cos'è. A colazione torno sempre a casa. Mi occupo della famiglia. È questione di organizzazione». Ma è duro fare più carriera di un uomo? «Macché. Ormai uomini e donne hanno le stesse opportunità» e l'arma segreta rimane la grinta «caratteriale». «Molti mi temono, mi chiamano "la Thatcher del telecomando", mi accusano di autoritarismo. Io rido e ne approfitto».

Ada Grecchi

Ada Grecchi, 55 anni, dirigente da 21, avvocato, è direttore della divisione personale dell'Enel ed è una delle donne con la carica più alta nelle partecipazioni statali. «È uno scandalo» dice «ma è inutile far finta di niente: le donne in economia non hanno potere». I motivi secondo Ada Grecchi sono innumerevoli: pregiudizi, leggi inadeguate, troppe belle parole e pochi fatti. Soluzioni? «Prima di tutto» dice «le donne devono smetterla di pensare solo all'economia domestica e cominciare a leggere le pagine economiche dei giornali». Ma anche i mass media devono fare la loro parte. «È difficile» conclude «che le donne facciano carriera se la loro immagine è ancora quella vecchia: o casalinghe con lo straccio in mano o fatalone con i tacchi a spillo».

23

Qual è, secondo lei, l'evento più importante nella vita di una donna?

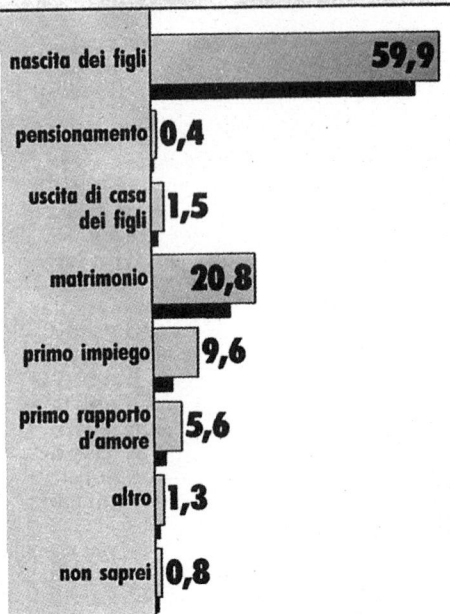

- nascita dei figli — **59,9**
- pensionamento — **0,4**
- uscita di casa dei figli — **1,5**
- matrimonio — **20,8**
- primo impiego — **9,6**
- primo rapporto d'amore — **5,6**
- altro — **1,3**
- non saprei — **0,8**

PARITÀ, PILLOLA E DIVORZIO.
In quest'ordine, nella tabella qui sotto, le donne intervistate indicano i tre fatti che più hanno cambiato la loro vita.

Quale, fra questi eventi, ha più contribuito a cambiare la vita della donna?

- pillola contraccettiva — **12,7**
- aumentata parità fra i sessi — **15,5**
- legalizzazione divorzio — **12,5**
- legalizzazione aborto — **10,1**
- libertà sessuale — **11,2**
- mutata mentalità maschile — **11,6**
- femminismo — **10,1**
- nuovi sbocchi nel lavoro — **16,3**

Quali sono, in questo momento, i principali motivi di insoddisfazione?

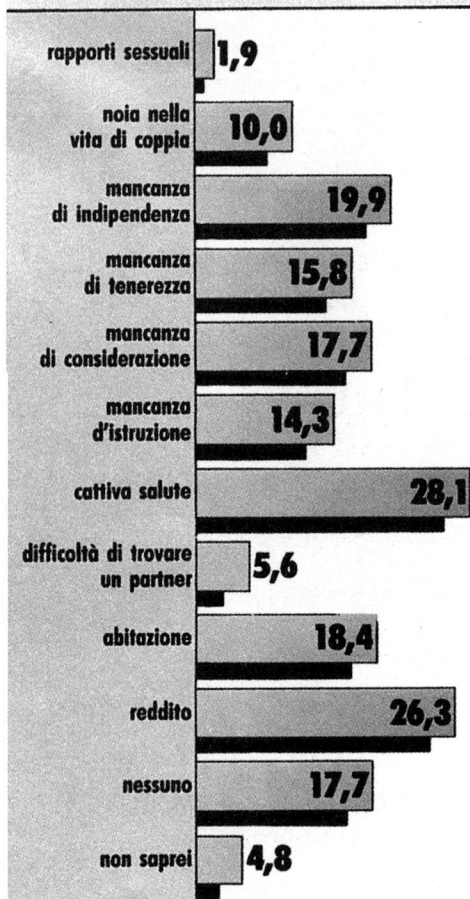

- rapporti sessuali — **1,9**
- noia nella vita di coppia — **10,0**
- mancanza di indipendenza — **19,9**
- mancanza di tenerezza — **15,8**
- mancanza di considerazione — **17,7**
- mancanza d'istruzione — **14,3**
- cattiva salute — **28,1**
- difficoltà di trovare un partner — **5,6**
- abitazione — **18,4**
- reddito — **26,3**
- nessuno — **17,7**
- non saprei — **4,8**

In questo momento della vita lei si sente

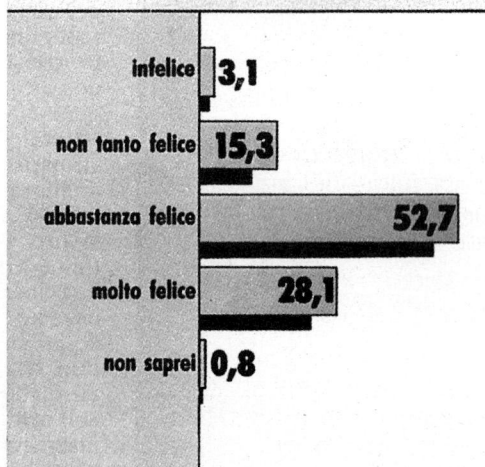

- infelice — **3,1**
- non tanto felice — **15,3**
- abbastanza felice — **52,7**
- molto felice — **28,1**
- non saprei — **0,8**

PANORAMA - 10 MARZO 1991

I Diritti

1945 *L'estensione alle donne del diritto di voto.*
Con le elezioni del 1946 per la prima volta, viene data la possibilità di votare alle donne.

1947 *Costituzione della Repubblica Italiana art.37*
La donna lavoratrice ha gli stessi diritti a parità di lavoro, le stesse retribuzioni che spettano al lavoratore. Le condizioni di lavoro devono consentire l'adempimento della sua essenziale funzione familiare e assicurare alla madre e al bambino una speciale adeguata protezione.

1963 *Divieto di licenziamento delle lavoratrici madri e per causa di matrimonio.*
Nessuna lavoratrice dipendente può essere licenziata nel periodo compreso tra l'inizio del concepimento e il compimento del primo anno del bambino.

1975 *Riforma del diritto di famiglia.*
Attua il principio della parità tra moglie e marito nei rapporti familiari. La famiglia è una comunità in cui la moglie e il marito hanno gli stessi diritti e gli stessi doveri. (v. FAMIGLIA)

1977 *Parità di trattamento in materia di lavoro.*
È vietata qualsiasi discriminazione fondata sul sesso per quanto riguarda l'accesso al lavoro, l'attribuzione delle qualifiche, delle mansioni e le progressioni nelle carriere. Diritto alla stessa retribuzione quando le prestazioni richieste siano uguali o di pari valore.

1983 *Matrimonio con stranieri.*
È stata eliminata ogni differenza a causa del sesso tra i coniugi stranieri e cittadini italiani. Fino ad allora soltanto la moglie straniera acquistava la cittadinanza in modo automatico sposando un italiano.

1990 *Pari opportunità. Azioni positive.*
Una legge per favorire l'occupazione femminile, realizzare l'uguaglianza fra uomini e donne nel lavoro.

Momenti...

Pubblicità «La Bomboniera» Roma

studio f. del vaglio napoli

EBBENE SÌ

(da: *Brava Casa*)

Due si incontrano, si innamorano, si sposano. Fin qui niente di straordinario. Di nuovo c'è il fatto che vogliono il matrimonio come una volta, con i confetti, la marcia nuziale, tanti invitati e le mamme che piangono. A chi affronta la cerimonia dedichiamo questa guida pratico-romantica.

Torna il grande rito
Adesso il matrimonio con la festa lo vogliono tutti. Superato il gusto per la cerimonia semi-clandestina, alla svelta, con i soli testimoni, le ragazze, cresciute in tutta la libertà, non rinunciano al piacere del rito nuziale.

La data
Una volta si sceglieva il giorno secondo le scadenze religiose: mai durante la quaresima o l'avvento, meglio in maggio. Oggi si tende a unire il congedo matrimoniale con il periodo di ferie per fare una vacanza più lunga. Ed è inevitabile che le date cadano in primavera o in estate. I mesi preferiti sono giugno e luglio.

Dove
Ma forse il massimo è sposarsi a Venezia. Di rigore, in questo caso, è la gondola, quella nera senza fronzoli dorati, anzi le gondole devono essere almeno dieci, se si vuole una cerimonia "giusta".

La bomboniera
Per tradizione si manda la bomboniera dopo il matrimonio a tutte le persone che hanno fatto un regalo. Di solito le ordina la famiglia della sposa che poi ne consegna una parte ai consuoceri che hanno persone "dalla parte di lui" da ringraziare. Agli amici più cari è bene che gli sposi consegnino personalmente le bomboniere al ritorno del viaggio di nozze. Naturalmente ai testimoni ne verrà riservata una particolarmente preziosa anche perché, di solito, sono proprio loro a fare i regali importanti.

Le fedi
Al di là di ogni originalità le fedi vanno preparate in anticipo con incisi all'interno i nomi e la data. Vengono scelte insieme dagli sposi, ma acquistate da lui che il giorno della cerimonia le porta in tasca fino al momento dello scambio. Una vecchia, scaramantica tradizione vuole che un testimone porti con sé una coppia di riserva nel caso lo sposo le avesse dimenticate!

Itinerario di base per formare una Lista di Nozze

Per ottenere un buon risultato ed offrire ai parenti ed amici una buona scelta è necessario comporre una Lista di Nozze.

1) Per la tavola importante :
- Servizio di piatti
- Servizio da caffè
- Servizio di bicchieri
- Servizio di posate
- Oliera pz.4   Silver Plate
- Formaggera   Silver Plate
- Sottopiatti   Silver Plate
- Antipastiera   Silver Plate
- Sottobicchieri   Silver Plate
- Sottobottiglia   Silver Plate (o piattino pane)
- Set posate servire   Silver Plate
- Caraffa thermos   Silver Plate
- Serv. macedonia/gelato in cristallo o porcellana

2) Per il the:
- Servizio da the
- Piatto dolce più piattini
- Vassoio in Silver Plate
- Posate da dolce

3) Per la tavola di tutti i giorni:
- Servizio piatti x 8
- Sottopiatti in ceramica (o piatto unico)
- Tazzine caffè
- Bicchieri x acqua e vino

- Serv. posate colorate
- Pirofile da forno c/supporto
- Oliera pz.4
- Formaggera
- Ciotola insalata c/posate

4) Per una cena diversa:
- Cena fredda Tiffany
- Serv. fonduta
- Girello x fonduta
- Piatti fonduta + ciotoline
- Pietra Ollare

5) Per la colazione:
- Set tazze colazione c/zuccheriera
- Biscottiera
- Vassoio da colazione

6) Per la cucina:
- Batteria pentole
- Pentola pressione
- Set padelle titanio
- Set mestolame
- Set piatti portata
- Set coltelli cucina
- Tagliere x carni
- Tagliere x pane
- Tagliere x formaggio
- Caffettiera tz.6 Inox
- Caffettiera tz.3 Alluminio
- Bollitore
- Carrello chiudibile
- Set barattoli cucina
- Bilancia cucina
- Bilancia P. Persone

CARDARELLI

Lista di Nozze

Innovazioni per la Lista di Nozze

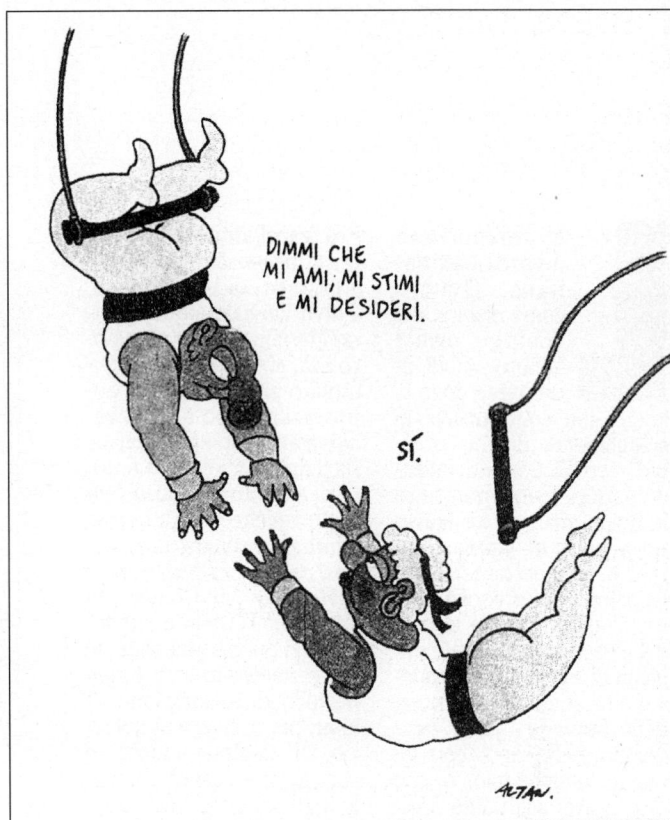

(da: *la Repubblica*, pubblicità elettorale *PDS*)

Matrimonio e uguaglianza

La legge di riforma del diritto di famiglia stabilisce che "con il matrimonio il marito e la moglie acquistano gli stessi diritti e assumono i medesimi doveri" (art. 143 cc.). L'affermazione legale di uguaglianza comporta la totale parità con vostro marito. È stata abolita la figura del capofamiglia. L'indirizzo della vita familiare deve essere stabilito di comune accordo. Sui figli non c'è più la patria potestà, ma la potestà dei genitori, che va esercitata di comune accordo da entrambi.

Comunione o separazione dei beni

La legge di riforma considera normale il regime di comunione legale. Tenete conto che se non avete un lavoro fuori casa o se il posto di lavoro dà un reddito inferiore a quello di vostro marito, la comunione legale è il sistema che vi offre maggiori garanzie: anche il vostro contributo di lavoro domestico viene così ad avere un riconoscimento patrimoniale. Nella comunione rientrano infatti tutti gli acquisti, compiuti anche separatamente, i proventi di attività lavorativa e i frutti di beni propri di ciascuno dei coniugi. Al momento della separazione, annullamento o divorzio quello che non è stato consumato e che residua viene diviso tra i coniugi. Il regime dei conviventi è, per definizione, separazione dei beni.

(da: *Donna moderna*, n.10, 14/3/89)

Lo chiamavano divorzio all'italiana. Ovvero come disfarsi del coniuge ormai venuto a noia, in un paese dove la legge non contemplava lo scioglimento del matrimonio: semplicemente facendolo fuori. Certo non tutte le unioni malriuscite finivano a colpi di lupara. Ma, tant'è, ad aspettare la legalizzazione del divorzio erano in molti. Legate al palo della separazione legale migliaia di ex-coppie attendevano da anni la benedizione dello Stato per poter ricominciare da capo: con un nuovo matrimonio o con una vita di solitudine finalmente resa ufficiale e non più sospesa nel limbo postconiugale. E hanno aspettato a lungo: molto più a lungo che negli altri paesi occidentali. Il divorzio in Italia ha solo vent'anni, compiuti proprio in questi giorni: era il 1 dicembre 1970 quando fu varata la legge che decretava la possibilità di sciogliere il legame matrimoniale. Una legge difficile, discussa, ostacolata che però uscì indenne dal referendum indetto nel 1974 per ottenere la sua abrogazione.

Fra traballanti equilibri politici, proposte innovative e tentativi di boicottaggio, il divorzio ha dunque lentamente superato la maggiore età. «Ma il ritardo accumulato prima della sua approvazione non è stato recuperato» spiega Marzio Barbagli, sociologo e autore di approfonditi studi sulle dinamiche sociali di matrimonio e separazione «La nostra normativa non è certo delle più evolute. Un esempio? L'Italia è ancora uno dei pochissimi paesi in cui è necessario un lungo periodo di separazione, 3 anni, per arrivare al divorzio. Il risultato: molti si scoraggiano, tanto che solo il 50 per cento delle coppie separate raggiunge il "traguardo" dello scioglimento definitivo del matrimonio». In Italia dunque si divorzia molto meno che

il divorzio compie

20 anni

Stefania Rossotti

altrove: nel 1988, per esempio, sono stati sciolti 31 mila matrimoni. Pochi in confronto ai 104 mila divorzi francesi e ai 175 mila inglesi dello stesso anno. Gli italiani sono dunque un popolo di fedelissimi? Assolutamente no. La realtà è che si arenano, per scelta o per indolenza, al gradino della separazione. Qualcuno lo fa per non dovere riaprire, per poi richiudere definitivamente, un capitolo triste della propria vita.

Rispetto ad altri paesi in Italia si sciolgono meno matrimoni. Merito dei buoni sentimenti? Non proprio. L'ultimo passo è bloccato da resistenze psicologiche e difficoltà burocratiche

(da: *Donna moderna*, n. 47, 2/12/90)

IN ITALIA CI SONO 25'826 PARROCCHIE PIU' UNA.

LA TUA.

(da: *Pubblicità CEI*)

Ma com'è cambiata la fabbrica dei preti

di Vittorio Feltri dal *Corriere della Sera illustrato*, 26 maggio 1979

Erano squallidi come caserme, severi fino all'incredibile. Sono lussuosi come alberghi, permissivi più di quanto molti suppongano. Ma un tempo erano affollati. Oggi no. Ecco il come e il perché, attraverso una visita al seminario-campione di Bergamo.

Così bello, così grande, così vuoto: quasi inutile. Il *seminario* di Bergamo dodici anni fa, quando era vecchio e *cadente, cupo* come una caserma, ospitava ottocento seminaristi, oggi, dopo una *rifondazione* dalle cantine ai tetti che lo ha *trasformato* in una specie di Hilton del prete, ne contiene 315, meno della metà. Lo stesso, su per giù, accade negli altri seminari rimodernati e non. I dati sono chiari: 1962, 31 mila seminaristi; 1968, 25 mila; 1978, 10 mila. Chiusi molti istituti di preparazione al sacerdozio; nel 1970 erano 375 nel 1979 sono scesi a 259. Questo in Italia.

IERI

Prima degli anni '70 le regole all'interno del seminario erano molto severe. Il *candidato al sacerdozio* si alzava tutte le mattine alle 5.30. La *camerata* era *immensa*, 3588 metri cubi, 69 letti di ferro, uno *appresso* all'altro come all'ospedale. Le finestre erano a due metri e mezzo dal pavimento e per aprirle si doveva salire su una scala a pioli.

Il seminarista del primo letto della fila non vedeva il compagno dell'ultimo. Il freddo era un nemico, la camerata non era riscaldata, neppure una *stufa*. Entro le sei tutto doveva essere in ordine: ognuno si rifaceva il proprio letto mentre le pulizie del pavimento erano compito della squadra di turno.

Dalle 6 alle 6.30, *meditazione*.

Dalle 6.30 alle 7 c'era la messa obbligatoria, poi la colazione con il pane cotto nel forno del seminario. La scuola cominciava alle 8.20 e finiva alle 12.30; gli insegnanti erano preti, anziani e per di più severi; oggi molti *docenti* sono *laici* e non manca qualche donna.

Allora una donna in seminario che non fosse in visita al figlio, era *impensabile*. Le aule erano riscaldate con una stufa, ma i soffitti erano alti e il calore si *disperdeva*. In aula non si parlava, ogni scherzo, ogni gioco erano proibiti. Dalle 12.30 alle 13.00, seconda colazione in *refettorio*, ma non prima della recita dell'Angelus. Da mangiare non mancava ma la qualità era modesta.

Dopo la pulizia del refettorio era d'obbligo il passeggio fino alle 14.

Alle 14 erano di nuovo dentro, e tornavano in aula per studiare un'oretta; quindi visite al SS. Sacramento, poi *ricreazione* nei cortili, giocando al pallone. Dalle 16.20 alle 18.45 ancora studio, sempre in aula e in silenzio. Per alzarsi dal banco dovevano chiedere il permesso al superiore. Alle 18.45 rosario in cappella e alle 19.15, la cena preparata dalle suore, minestra. "Se *scottava* - racconta il curato della Valle Brembana - ci *versavo* un bicchiere d'acqua fredda e il sapore non cambiava". Alle 20 ancora in aula, ma stavolta niente studio: giocavano a dama, leggevano le riviste delle missioni. Radio e televisione erano proibite e l'unico giornale permesso era l'*Eco di Bergamo*, un seminarista fu mandato via perché *sorpreso* con lo *Sport illustrato*. Alle 21 tutti in camerata e da questo momento l'obbligo del silenzio era *inderogabile*. Era più grave parlare in camerata che in chiesa. Spogliarsi era l'operazione da condurre con maggior scrupolo: la veste poteva essere tolta solo dopo che si fosse indossato il pigiama. Complicato ma possibile. Lavarsi era permesso ma senza togliersi il pigiama.

OGGI

E oggi, com'è la situazione? I locali sono splendidi, i cancelli sono sempre aperti, le visite dei parenti e degli amici non hanno orari, non più camerate ma stanzette singole con i servizi, dalle finestre si gode il panorama più bello di Bergamo, la sveglia è stata spostata alle 6.25 e per le pulizie ci sono ragazze.

Ognuno fa l'uso che gli pare di radio e televisione, la veste è scomparsa ed è raro incontrare un ragazzo con l'abito nero. Quest'abito, comunque, non è un obbligo, eventualmente è un diritto. Nessun giornale è vietato, chi desidera uscire dopo pranzo a fare un giretto, da solo o con i compagni, può farlo dove vuole. In seminario c'è la piscina che è addirittura aperta al pubblico, si svolgono corsi di nuoto. Dal sabato pomeriggio al lunedì mattina nell'istituto rimane solamente il personale di servizio e qualche sacerdote che vi abita: gli studenti trascorrono il week-end in famiglia, vanno al cinema o a teatro.

Dice don Tironi, vicedirettore di un seminario, 33 anni, "La libertà rende i ragazzi più sicuri, più vivi, più intelligenti". La diminuzione delle *vocazioni* viene *compensata* dalla crescita dei cattolici. Anche per i preti vale la vecchia regola: conta più la qualità che la quantità.

seminario:	istituto per la preparazione dei preti, degli uomini di chiesa.
cadente:	che va in rovina, che cade a pezzi.
cupo:	privo di luce, non illuminato.
rifondazione :	fondato di nuovo, costruito nuovamente.
trasformato:	(trasformare) cambiare completamente.
candidato al sacerdozio:	che è destinato a diventare sacerdote, prete.
camerata:	grande sala con molti letti, dove si dorme nei collegi, negli ospedali, nelle caserme (soldati).
immensa:	(immenso) molto grande, enorme.
appresso:	accanto, vicino.
stufa:	apparecchio che serve per riscaldare. *Nei mesi freddi riscaldiamo la stanza con una stufa elettrica.*
meditazione:	pensiero profondo di natura filosofica e religiosa.
docenti:	(docente) insegnante.
laici:	(laico) che non fa parte del clero, della Chiesa.

impensabile:	che non si può pensare.
si disperdeva:	(disperdersi) andare perduto intorno, in giro.
refettorio:	grande sala da pranzo comune, per mangiare nei collegi, nelle scuole, nelle caserme.
ricreazione:	momento di pausa, tra un periodo ed un altro di lavoro o di studio.
scottava:	(scottare) essere troppo caldo.
versavo:	(versare) fare uscire del liquido da un recipiente, un bicchiere, una bottiglia, piegandolo da un lato.
sorpreso:	(sorprendere) trovare all'improvviso una persona.
inderogabile:	che deve essere assolutamente rispettato.
vocazioni:	(vocazione) impulso, desiderio che spinge una persona a scegliere la vita religiosa.
compensata:	(compensato) viene equilibrato.

La giornata del seminarista

Scriva l'orario del seminario (prima degli anni '70).

5.30 ....

6.15 ....

6.45 ....

8.20 ....

12.30 ....

13.45 ....

14.00 ....

16.20 ....

18.45 ....

19.15 ....

20.00 ....

21.00 ....

Noi preti

Mestieri difficili: chi sono e come vivono i "lavoratori di DIO"

(adattato da: Epoca, n. 1744, 9/3/84)

Quarantamila italiani operano da sacerdoti in una società che sembra non avere più bisogno di loro. Ma è proprio così? Lo abbiamo chiesto ai diretti interessati ed ecco le loro risposte, spesso sorprendenti.

Monsignor Attilio Nicora, un vescovo: "In primo luogo il prete, oggi, è una persona controcorrente, sempre meno significativa nel contesto sociale, ignorata o al massimo guardata con stupore. Prima del Concilio il prete era l'uomo dei sacramenti, amministrava il battesimo, la confessione, l'estrema unzione, assisteva ai matrimoni; era anche guida e maestro. Oggi non ha più autorità e quindi non ha nemmeno veri nemici. Questo è il segno più evidente della perdita del ruolo. Egli non ha più un popolo e deve cercarselo con gesti che esulano dal suo essere prete: nella politica, per esempio, o in una forma di turismo religioso (gite e campeggi, pellegrinaggi...); oppure può dedicarsi all'assistenza, e qui trova forse il suo campo migliore e più autentico, quello in cui la parola taciuta si manifesta nella pratica quotidiana. Ma in queste situazioni, la dimensione di fede non è più rilevante e alla domanda specifica "a che serve essere prete?" oggi risponde il silenzio.

Pierpaolo ha il dono della sintesi: "Non mi aspetto di fare miracoli, di convertire i miei simili, di compiere grandi cose. Ma certo non il silenzio. Mi basta mettermi al servizio degli altri, di tutti, in modo totale, come non potrei fare in nessuna altra professione". Al servizio degli altri, dunque. Ma quali altri? Di altri ce ne sono moltissimi: i poveri, i ricchi, i malati, i drogati, i carcerati... In base agli "altri" si può essere preti in vari modi. Si può essere, ad esempio, anche preti da ultima frontiera.

Don Mario Picchi, da anni impegnato sul fronte della droga, fondatore del Centro di solidarietà a Roma: "La mia vita? Dalla mattina alla sera con e per i tossicodipendenti; con un pericolo per me, per la mia persona: quello di essere assorbito dall'impegno fino a dimenticarmi di essere sacerdote. E d'altro canto non mi accetterei come prete se prima non mi sentissi profondamente uomo".

Ci racconta don Giovanni Coccolo, parroco di San Gioacchino a Torino, una grande parrocchia di Porta Palazzo, il quartiere più popolare della città. "Ho pianto quando sono arrivato qui, cinque anni fa e c'era da piangere: ho trovato indifferenza, anonimato, la chiesa desolatamente deserta. Arrendersi prima di lottare? Bè, non è per questo che mi son fatto prete. E allora via, a cercare i fedeli, uno per uno, porta per porta. Ho cominciato il mio programma "a tappeto" nell'81: avevo circa 6000 nuclei familiari da visitare. Fino a oggi ne ho avvicinati 1000, senza quasi mai incontrare un rifiuto aperto. Sono entrato in ogni condominio, ho parlato con chi incontravo per strada, ho conosciuto, sono stato conosciuto. In ogni condominio ho creato una famiglia "ospitante" presso la quale tenere riunioni, scambi di idee. La mia giornata? Esco alle 7.30 e non rientro mai prima di mezzanotte.

LA GUARDIA SVIZZERA

La guardia svizzera nacque all'inizio del 1500, un periodo di tensioni politiche e rappresaglie che indusse papa Giulio II, eletto da due anni al soglio pontificio, a chiedere al condottiero Pietro von Hertensteis di reclutare, tra i suoi fedeli vassalli dall'altra parte delle Alpi, 150 mercenari disciplinati e devoti, destinati a formare un corpo scelto. Il 21 gennaio 1506 gli svizzeri giungevano a Roma e dodici anni dopo, alle porte di Ravenna, già davano prova del loro valore e della loro fede nella battaglia contro il re di Francia. Trascorsero 9 anni da quel combattimento e il 6 maggio 1527 le guardie svizzere dimostrarono sino a che punto poteva giungere il loro impegno di fedeltà al Romano Pontefice. I 47 uomini della guarnigione sacrificarono la loro vita per permettere a Clemente V, durante il celebre sacco di Roma, di rifugiarsi in Castel Sant'Angelo. Molti si domandano come vengono reclutate le guardie del Papa. Chi aspira a far parte del corpo vaticano indirizza la domanda al colonnello comandante incaricato di vagliare le richieste e fare una rigida selezione. In primo luogo gli aspiranti devono avere la cittadinanza svizzera, essere cattolici e di moralità ineccepibile. Altri requisiti sono: godere di buona salute, essere alti almeno 1 metro e 74 centimetri e essere celibi. Trascorsi i due anni obbligatori, gli arruolati possono continuare il servizio e hanno facoltà di contrarre matrimonio. Non sempre gli svizzeri sposano una connazionale: spesso durante la loro permanenza in Vaticano conquistano il cuore di una turista o di una ragazza romana.

IL CONCLAVE

Alla morte del Papa i cardinali si riuniscono per eleggere il nuovo Papa. Esiste la consuetudine di chiudere i cardinali elettori "sotto chiave", in un luogo inaccessibile dall'esterno e dal quale si può uscire solo in caso di malattia. L'origine del conclave è molto antica. Sembra che siano stati per la prima volta i cardinali che elessero Onorio III nel 1216, ad avvertire la necessità di isolarsi per evitare o limitare le pressioni dei potenti, primo fra tutti l'imperatore.

Religioni a confronto

	TEOLOGIA	PRINCIPALI DIVINITÀ	PREMIO FINALE	TESTI FOND.	FONDATORI	IDEALE D'UOMO	ANTICHITÀ	SEGUACI	DISTRIB.NE GEOGRAFICA
CRISTIANESIMO	monoteista	Dio	paradiso	Bibbia Vangelo	Gesù di Nazareth (Cristo)	il santo, che tenta di cambiare il mondo	2000 anni	1 miliardo 150 milioni	Europa, America, Asia centrale sovietica, Etiopia, Sudafrica, Australia, Nuova Zelanda, Filippine
GIUDAISMO	monoteista	Jahveh	paradiso	Bibbia Talmud	tribù di origine mesopotamica	l'uomo giusto	da 3 a 4 mila anni	17 milioni	Israele
ISLAMISMO	monoteista	Allah	paradiso	Corano Sunna	Muhammad (Maometto)	l'uomo schiavo di Dio	quasi 1400 anni	600 milioni	Paesi arabi, Africa sett.le, Asia Minore, Iran, Afghanistan, Pakistan, Indonesia
INDUISMO	politeista, ma con una concezione dell'unicità del tutto	Brahama Visnu Siva	ricongiungimento con il Dio creatore	Veda Mahabharata Ramayana	comunità ariane della valle dell'Indo	l'asceta	da 5 a 6 mila anni	530 milioni	India, Nepal, Bhutan
BUDDISMO	non teista	non espresse; esiste un principio di "Realtà ultima"	nirvana	Canone pali Vinaya pitaka Sutta pitaka Abhidhamma pitaka	Siddharta Gautama (Buddha)	l'asceta	quasi 2600 anni	300 milioni	Birmania, Tibet, Mongolia, Cina, Corea, Giappone, Sri Lanka, Cambogia

IL CARATTERE

Muovere la testa

Aprire la bocca

Scrollare le spalle

Strizzare gli occhi

Sgranare gli occhi

Arricciare il naso

Stirare le labbra

Raschiarsi la gola

e.c.

Il linguaggio delle smorfie

(da: *Più Bella*, n. 34, agosto '91)

STRIZZARE GLI OCCHI

È un modo per staccarsi da una realtà non accettata creando dei momenti di buio, per non vedere qualcosa che dà fastidio. La chiusura di una sola palpebra può essere legata a fantasie di seduzione (far l'occhiolino).

APRIRE LA BOCCA

In certi individui questo tic mette in luce angosce di possesso, come se simbolicamente volessero "mangiare" le persone con cui vengono a contatto e di conseguenza distruggerne la presenza.

SGRANARE GLI OCCHI

È un'espressione che rivela meraviglia, forse legata a qualcosa che ci ha molto colpiti quando eravamo piccoli.

STIRARE LE LABBRA

Può essere il simbolo di un pianto trattenuto o di una risata repressa. Nei bambini "far boccacce" è un modo per spaventare gli altri o esorcizzare le forze ostili. Anche qui si possono ritrovare componenti arcaiche: stirare le labbra mettendo in mostra la dentatura equivale al digrignare i denti dell'animale in pericolo.

MUOVERE LA TESTA

In questo modo ci si libera simbolicamente dei cattivi pensieri. O si nega qualcosa che, nella realtà, si accetta.

RASCHIARSI LA GOLA

In questo tic può esserci una componente esibizionistica, un bisogno inconscio di attirare l'attenzione su di sé. È anche un modo per "farsi sentire" e cercare di avere voce in capitolo. Raschiandosi la gola e tossendo, è come se si volesse ricordare agli altri la propria esistenza irritandoli. Una tossettina stizzosa, infine, può significare problemi di comunicazione: ci si raschia la gola perché le parole non escono.

ARRICCIARE IL NASO

In questo caso possono entrare in gioco emozioni e pulsioni non legate al proprio vissuto ma riconducibili a un mondo primitivo. Contraendo la punta del naso si imitano gli animali che annusano.

SCROLLARE LE SPALLE

È il desiderio di liberarsi da un peso, da qualcosa che fatichiamo a reggere e a sopportare.

Segni zodiacali

Ariete coraggioso
21/3 - 20/4 impaziente

Toro paziente
21/4 - 20/5 pigro

Gemelli attivo
21/5 - 20/6 superficiale

Cancro sensibile
21/6 - 21/7 timido

Leone generoso
22/7 - 22/8 orgoglioso

Vergine fedele
23/8 - 22/9 curioso

Bilancia vivace
23/9 - 22/10 indeciso

Scorpione individualista
23/10 - 21/11 ribelle

Sagittario leale
22/11 - 21/12 ingenuo

Capricorno ostinato
22/12 - 20/1 arrivista

Acquario idealista
21/1 - 20/2 eccentrico

Pesci sincero
21/2 - 20/3 incoerente

39

Dimmi in che modo dormi...

di Pino Gilioli

(da: *Grazia*, n. 2000)

Secondo alcune recenti ricerche psicologiche il carattere di una persona viene rivelato anche dalla posizione assunta durante il sonno. Perciò abbiamo disegnato qui accanto le otto posizioni più comuni. Individuate quella che assumete voi più frequentemente e andate a leggerne il significato in fondo alla pagina

Posizione fetale su un fianco con le gambe ripiegate

Posizione ventrale, bocconi, spesso con una gamba ripiegata e le braccia vicine alla testa.

Posizione dorsale con braccia e gambe allargate e lontane dal corpo.

Ancora posizione dorsale, ma con braccia e gambe incrociate.

Rannicchiata sul fianco con la testa sotto il cuscino.

Sul dorso o anche sul fianco ma con le coperte ben rimboccate e perfettamente distese.

Bocconi o sul fianco, ma sempre con il letto in gran disordine e le coperte tutte aggrovigliate tra braccia e gambe.

Rigidamente allungate sul fianco quasi in bilico.

L'interpretazione psicologica

POSIZIONE 1
Siete timide e un po' chiuse. Vivete nell'ansia di sbagliare o di perdere ciò che già avete. Abbiate più fiducia nelle vostre capacità, ve la saprete cavare anche voi, se non sarete pigre.

POSIZIONE 2
Avete un alto concetto di voi stesse e andate diritte per la vostra strada senza intoppi nemmeno sentimentali. Dovreste preoccuparvi un po' più degli altri senza pretendere che tutti vi ruotino intorno.

POSIZIONE 3
Amate la vita e l'affrontate con sicurezza riuscendo quasi sempre a sfondare. Conoscete l'arte di non perdere nessuna occasione per gustare l'esistenza in tutti i suoi lati più desiderabili.

POSIZIONE 4
Siete prudenti e diffidenti. Tendete a chiudervi in un mondo limitato ma sicuro piuttosto che esporvi alle aggressioni provenienti dall'esterno. Allentate un po' la guardia, non vi farà male.

POSIZIONE 5
Vorreste fare grandi cose, ma vi blocca la paura di non riuscire a realizzarle e così evitate gli impegni troppo pesanti. Questo atteggiamento può rivelarsi comodo e saggio purché non vi renda sterili.

POSIZIONE 6
Generose di natura sapete sacrificarvi per gli altri. Dovreste però dare meno importanza al giudizio della gente.

POSIZIONE 7
Siete di natura un po' ri-

belle e un po' geniale con qualche attitudine artistica. Le convenzioni talvolta vi soffocano e non intendete accettarle passivamente. Però sapete arrivare fino al sacrificio per una causa in cui credete veramente.

POSIZIONE 8
Avete acuta coscienza delle vostre responsabilità, tanto che siete portate ad affrontarle in modo fin troppo serio. Sforzatevi di sorridere qualche volta delle vostre (poche) debolezze.

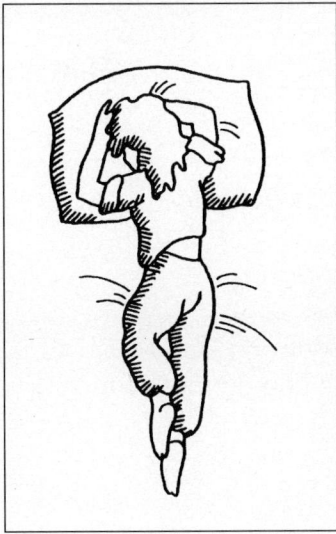

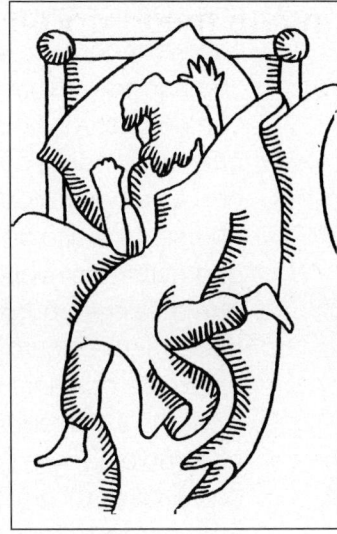

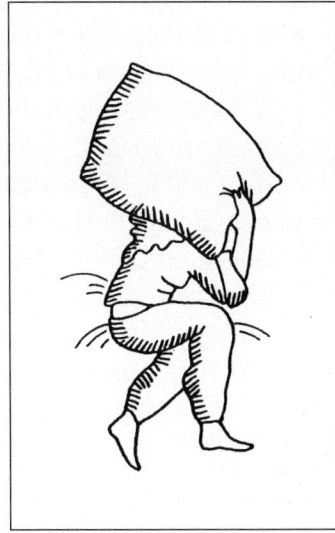

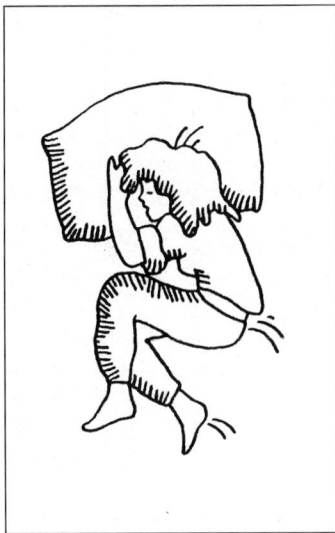

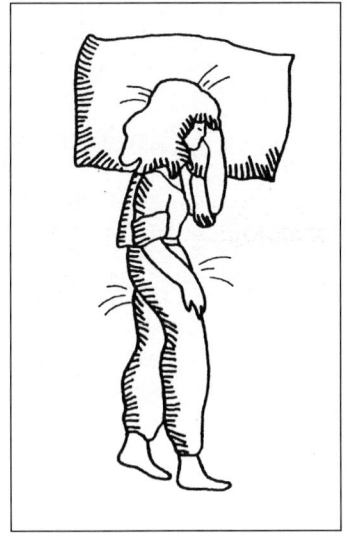

1) Mettete in ordine le figure in base alla descrizione
2) Guardate i disegni e descriveteli:
La ragazza dorme sul ventre con le braccia...

Coraggioso : che sa affrontare difficoltà e pericoli di ogni tipo.
Paziente : che sa attendere, aspettare, sopportare.
Impaziente : che non sa attendere, aspettare, sopportare.
Pigro : che non ha voglia di far niente.
Attivo : che ha sempre voglia di fare qualcosa.
Superficiale : che osserva solo in superficie, non profondamente, senza pensarci molto.
Sensibile : che sente molto un dolore, una gioia.
Timido : che non è disinvolto, sicuro. Che diventa rosso facilmente.
Generoso : che ama dare quello che ha agli altri.
Orgoglioso : che si sente sicuro delle proprie capacità, dei propri meriti.
Fedele : che resta costante nell'affetto, nell'amore, che mantiene una promessa.
Il cane è il più fedele amico dell'uomo.
Curioso : che vuole sapere sempre tutto, che vuole conoscere.
Vivace : che è sempre in grande attività, movimento.
È un bambino molto vivace.
Indeciso : che non sa mai decidere, che non sa scegliere facilmente.
Individualista : che mette al primo posto se stesso e la propria vita, poi quella degli altri.
Ribelle : che non vuole obbedire, eseguire un ordine.
Leale : che è fedele alla parola data.
Ingenuo : che non è esperto, che crede e accetta tutto.
Ostinato : che decide fermamente di fare una cosa e non si ferma davanti a nessuna difficoltà.
Arrivista : che vuole avere in poco tempo e a ogni costo una posizione elevata.
Idealista : che vive credendo in un ideale.
Eccentrico : che si veste, si comporta in maniera diversa, insolita, poco comune.
Sincero : che dice sempre la verità.
Incoerente : che non è coerente, che pensa a una cosa, ne dice un'altra, ne fa un'altra.

Parole crociate

ORIZZONTALI: 1. Sa attendere, aspettare. 2. Non è esperto, crede e accetta tutto. 3. Ama dare agli altri quello che ha. 4. Non vuole obbedire, seguire un ordine. 5. Decide fermamente di fare una cosa e non si ferma davanti alle difficoltà.
VERTICALI: 1. Non ha voglia di fare niente.

■ Disegno di DANIEL BAZZI

LETTURA CARTE
35.000/85.000

CONTRO FATTURA
250.000/5.700.000

ESORCISTI
200.000/570.000

PRANOTERAPIA
50.000/100.000

OROSCOPO
50.000/120.000

TALISMANI
350.000/5.300.000

MAGIA D'AMORE
520.000/2.500.000

PER CORRISPONDENZA
70.000/120.000

MAGHI MAGIE E SOLDONI

«Centomila per la previsione delle sue fortune amorose, e altre trecentomila per la controfattura. Se vuole la ricevuta fiscale è il 19% in più».

Non è una citazione da uno di quei romanzi un po' eccentrici che narrano di strane avventure accadute in periodi e in luoghi imprecisati, dove si mescolano radio e alabarde, destrieri e jet. No, è la frase che uno stimato professionista dell'occulto pronuncia al momento di farsi pagare l'onorario. Come medici e avvocati. Sì, perché gli anni Ottanta hanno visto la luce, tra i tanti, anche di questo business, e tanto per renderlo più «professional» ecco Tv e computer, albi professionali e naturalmente congrui pagamenti dovuti.

Secondo i dati contenuti nel volume dell'Ispes «Rapporto Italia '90», gli aderenti alle principali associazioni di categoria sono 11.700 e hanno un reddito medio di 75 milioni l'anno. Il 44,2% si definisce persona dai poteri occulti, il 24,8% extrasensoriale, il 21% medianico e il 9% addirittura magnetico.

Le tariffe sono proporzionali a tali mirabolanti poteri: per una lettura di carte se ne vanno nelle loro tasche, dalle 35 alle 85 mila lire; per un oroscopo dalle 50 alle 120mila, per un talismano dalle 350mila a più di 5 milioni; una controfattura per neutralizzare il malocchio può raggiungere anche i 5 milioni e settecentomila lire. Belli i tempi di Cagliostro, quando per girare l'Europa facendo della magia

QUANTO COSTA UN'ILLUSIONE

La lettura delle carte è la più economica: si possono spendere dalle 35 mila lire alle 85 mila. Gli esorcismi, che servono a trarre via l'«immonda creatura», costano di più, dalle 200 mila alle 570 mila. Se poi qualcuno si vuole liberare dal malocchio, allora deve decidersi a sborsare, per una controfattura, non meno di 250 mila lire, ma si può arrivare fino a 5 milioni e 700 mila.

si doveva mostrare non poco talento e sapere anche un po' di latino (che comunque non sarebbero bastati a salvare l'avventuriero).

GIANANDREA TURI ■

INCOLLA QUI I TUOI RITAGLI DI GIORNALE

PARTE SECONDA

LA CASA

Tipi di alloggio: *Case*
Un questionario

Abitare: *"Il materasso" (di C. Mattone - R. Arbore)*
1993 la casa di domani
I mille consigli dell'architetto
Gli elettrodomestici
Rischi d'incendio in una casa

Ambiente: *E adesso parliamo un po' di Protezione Civile*
Nucleare: no, grazie, sì, grazie
I proverbi e la meteorologia
Proviamo a fare le previsioni
Le previsioni del tempo

casa

Amica

Supplemento di Amica n. 30 - Luglio 1979

Com'è la casa degli italiani?

Case

(da: *Il Folklore*, TCI, 1967)

L'insediamento rurale in Italia presenta grandi differenze che vanno da un tipo di insediamento sparso che prevale nelle regioni padane continentali e nella parte centrale appenninica a quello fortemente accentrato dell'Italia meridionale ed appenninica delle isole.

La varietà è dovuta a ragioni non solo ambientali, ma pure storiche, sociali ed economiche. L'accentramento rurale del Sud è tradizionalmente giustificato da ragioni di diversa natura: fisiche, per la mancanza dell'acqua e la trascorsa presenza della malaria; storiche, per l'insicurezza della campagna; sociali, per la tendenza delle popolazioni meridionali a vivere accentrate; economiche, per l'esistenza di una economia agraria tradizionalmente basata su una coltura estensiva di cereali, di olivi e di vigneti, con il sussidio di braccianti e sull'allevamento (pastorizia). L'insediamento sparso, con case isolate sui poderi, si ha nell'Emilia, in Toscana, in Umbria, nelle Marche, negli Abruzzi subcostieri ed è fondamentalmente in relazione con la *mezzadria*, e la divisione della proprietà in proporzione alla capacità lavorativa familiare.

Forme intermedie si hanno nell'Italia meridionale, lungo le coste settentrionali ed orientali e in qualche zona interna della Sicilia, nella Sardegna settentrionale (masserie), nell'Appennino settentrionale e centrale (villaggi e case sparse) nella Lombardia (corti rurali) nell'Agro Romano (casali e colonie), nel Veneto orientale (centri, casali e case allineate sulla strada).

MEZZADRIA: era un contratto di affitto di un podere che prevedeva la divisione della produzione tra il proprietario del terreno e il coltivatore.

CHE COS'È:

LA BAITA: è una costruzione di montagna, in pietra o in legno. Serve per il fieno o come alloggio temporaneo nelle zone dove pascola il bestiame.

IL CASALE: è un edificio isolato, massiccio, con un vasto cortile interno.

LA CASCINA: è un edificio di campagna, con abitazione, stalle, fienili, variamente disposti.

LA CORTE: è costituita da più edifici disposti intorno ad uno spazio chiuso. È sede di azienda agraria importante, con un notevole allevamento.

IL TRULLO: è una costruzione a pianta circolare tipica della Puglia. Ogni vano ha un tetto a cono chiuso. Le pareti esterne e interne sono imbiancate e sono spesso decorate con simboli religiosi.

LA TIPICA CASA RURALE

CASA UNITARIA: (dove stalla o fienile e abitazione sono collocate in un unico edificio)

È costituita da una sola costruzione in muratura, a due piani, con tetto a due spioventi, poco inclinato, coperto di tegole.

L'accesso al piano superiore è dato frequentemente da una scala esterna che sale a un piccolo balcone, di solito riparato dal tetto.

Nella casa di questo tipo la cucina può essere al pianterreno accanto alla stalla o al fienile e sopra le camere da letto.

Nelle zone dove la neve è più abbondante il tetto è più inclinato.

Questa è una abitazione tipica dell'Italia centrale. La sua ampiezza varia con la grandezza e la ricchezza dei poderi dove viene costruita.

DIMORA A CORTE:

Si trova nella Pianura Padana, friulana e campana.

Essa è costituita da uno spazio scoperto, generalmente un quadrilatero, circondato dalle abitazioni, dalle stalle e dai fienili.

L'ingresso è unico (un grande portone ad arco). Ogni edificio è destinato ad una particolare attività.

Il proprietario abita con la sua famiglia nella casa padronale che si trova in una posizione che gli permette di controllare la stalla, il rustico, dove si trovano le macchine. In alcune corti era possibile trovare, a volte, la chiesetta e la scuola.

Un questionario

(da: *Cara Amica*, luglio 1979)

CUCINA

La pianta del locale ha forma	❑ quadrata	❑ rettangolare	❑ irregolare
I mobili sono:	❑ componibili	❑ non componibili	
	❑ in legno	❑ in laminato	❑ altri materiali
Gli elettrodomestici sono	❑ separati	❑ inseriti nei mobili	
Il pavimento è in	❑ ceramica	❑ altro materiale	
Le pareti sono	❑ dipinte	❑ in ceramica	❑ tappezzate
Il lavello è in	❑ acciaio	❑ ceramica	❑ marmo
Il tavolo è	❑ rettangolare	❑ quadrato	❑ non c'è
Nella cucina consumate anche i pasti?	❑ qualche volta	❑ sì	❑ no

Qual è la cosa che più di ogni altra potrebbe migliorare la vostra cucina? _____

SOGGIORNO

L'arredamento è	❑ moderno	❑ in stile	
Il pavimento è in	❑ marmo	❑ legno	❑ ceramica
	❑ moquette		
Le pareti sono	❑ dipinte	❑ tappezzate	
Il salotto è	❑ componibile	❑ a divano con poltrone	
	❑ coperto in pelle	❑ in cotone o lana	❑ in tessuto
I mobili sono	❑ componibili	❑ pezzi singoli	
Il televisore è	❑ in un mobile	❑ su un tavolino	❑ non c'è
I quadri sono	❑ pochi	❑ molti	❑ non ci sono
I libri sono	❑ pochi	❑ molti	❑ non ci sono
Nel locale quale colore predomina?	❑ rosso	❑ blu	❑ beige
	❑ verde	❑ giallo	❑ marrone
	❑ bianco	❑ altri	

Qual è la cosa che più di ogni altra potrebbe migliorare il vostro soggiorno? _____

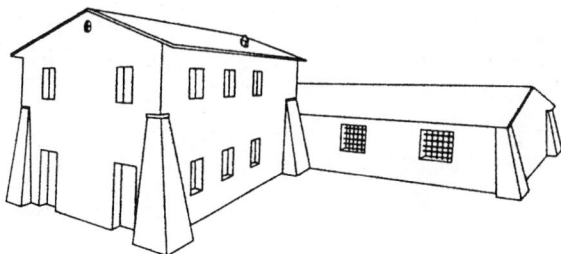

Lazio: Casale nell'Agro romano

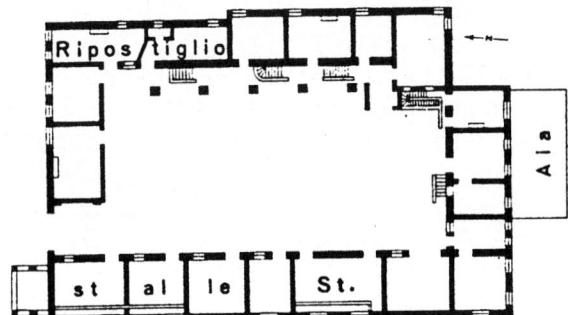

Corte Rurale Lombarda: Planimetria generale.

(da: *Il Folklore*, TCI, 1969)

CAMERA DEI FIGLI

L'arredamento è	❏ moderno	❏ in stile	
Il locale ha forma	❏ quadrata	❏ rettangolare	❏ irregolare
Il pavimento è in	❏ marmo	❏ legno	❏ ceramica
	❏ moquette		
Il letto è	❏ uno	❏ due	❏ più di due
Ci sono letti a castello	❏ sì	❏ no	
L'armadio è	❏ basso	❏ alto	❏ non c'è
I mobili sono	❏ componibili	❏ a pezzi singoli	
Le tende sono	❏ a pannelli	❏ drappeggiate	❏ altre soluzioni
I libri sono	❏ su mensole	❏ dentro mobili	❏ non ci sono

Qual è il colore che predomina
nell'ambiente?

❏ rosso	❏ blu	❏ beige
❏ verde	❏ giallo	❏ marrone
❏ bianco	❏ altri	

Qual è la cosa che più di ogni altra potrebbe migliorare la camera? _____

PRANZO

L'arredamento è	❏ moderno	❏ in stile	
È un locale	❏ separato	❏ inserito nel soggiorno	
Il tavolo è	❏ quadrato	❏ rettangolare	❏ ovale
	❏ tondo		
Il lampadario è	❏ sul tavolo	❏ a piede	
	❏ al centro del locale		

Nel locale c'è un mobile
credenza o buffet? ❏ sì   ❏ no

Qual è la cosa che più di ogni altra potrebbe migliorare il locale/zona pranzo? _____

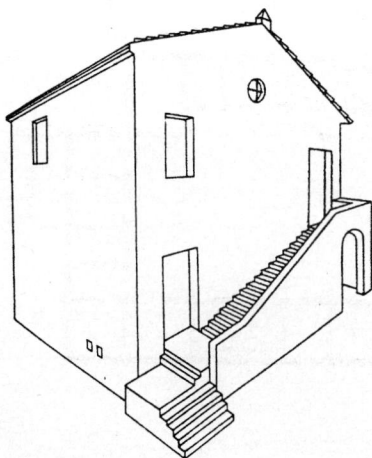

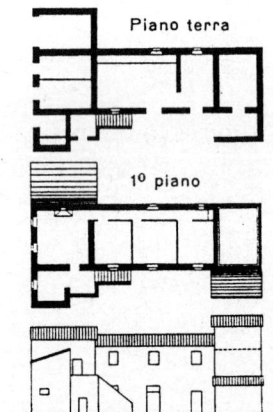

Case Rurali Unitarie: laziale, lucana e umbra

(da: *Il Folklore*, TCI, 1967)

CAMERA DA LETTO MATRIMONIALE

L'arredamento è	❑ moderno	❑ in stile	
La testata del letto è	❑ in legno	❑ in metallo	❑ in tessuto
L'armadio è	❑ basso	❑ fino al soffitto	❑ non c'è
Il cassettone è	❑ moderno	❑ in stile	
	❑ come i comodini	❑ non c'è	
Il lampadario è	❑ moderno	❑ in stile	❑ non c'è
Il copriletto è stato	❑ fatto fare	❑ acquistato già confezionato	
Le tende sono	❑ a pannelli	❑ drappeggiate	
	❑ altre soluzioni		
Il pavimento è in	❑ marmo	❑ legno	❑ ceramica
	❑ moquette		
Le pareti sono	❑ dipinte	❑ tappezzate	
I tappeti sono	❑ moderni	❑ orientali	❑ non ci sono
Qual è il colore o i colori che predominano nell'ambiente?	❑ rosso	❑ blu	❑ beige
	❑ verde	❑ giallo	❑ marrone
	❑ bianco	❑ altri	

Qual è la cosa che più di ogni altra potrebbe migliorare la vostra camera? _____

SECONDO VOI

C'è un particolare mobile che vi sembra manchi tra quelli venduti nei normali negozi? _____

Il problema maggiore per arredare bene la vostra casa è:
    ❑ il costo dei mobili ❑ il poco spazio
    ❑ la disposizione dei locali

Un buon arredamento si realizza: ❑ da soli   ❑ leggendo le riviste
    ❑ consultando un esperto

Se confrontate l'arredamento della casa che voi abitate con quello delle vostre amiche: ❑ è migliore   ❑ è peggiore
    ❑ è più o meno uguale

In generale i mobili li prendete: ❑ in legno   ❑ in legno chiaro
    ❑ in legno scuro ❑ laccati chiari ❑ laccati scuri

Solitamente nei negozi di arredamento ci sono persone che possono consigliarvi bene negli acquisti? ❑ sì   ❑ no   ❑ qualche volta

(Villa Maffei a Valeggio sul Mincio, Verona)

"Il materasso"

di C. MATTONE - R. ARBORE
Ed. Metropolitana/Dusca - Roma

La sedia è l'ideale
per chi è molto stanco e vuole riposare.
È giusta la poltrona
per chi vuol far salotto e chiacchierare.
È comoda l'amaca
per chi vuole stare all'aria aperta a dondolare.
Fantastico è il divano
per star lì sdraiati avanti alla TV.
Ma il materasso, il materasso,
il materasso è il massimo che c'è
il materasso, il materasso, sul materasso
c'è la felicità.
Meraviglioso è il prato
per guardare il cielo e mettersi a sognare.
Bella anche la spiaggia
per potersi addormentare in riva al mare.
È ottimo il cuscino
se sul morbido la testa vuoi posare.
E vengono i momenti
che ti va di sprofondare su un sofà.
Ma il materasso, il materasso,
il materasso è il massimo che c'è,
il materasso, il materasso, sul materasso
c'è la felicità.

La cabina armadio è un'utilissima appendice della camera da letto.

La camera da letto è quasi un prolungamento del soggiorno.

Del bagno fa parte anche l'angolo palestra: la spalliera a muro, la cyclette, il tappeto imbottito per gli esercizi a terra.

La vasca-doccia-idromassaggio racchiusa in un cilindro trasparente.

Lo stanzino della sauna, che entrerà a far parte delle abitudini degli italiani.

Il soggiorno ampio e confortevole, sul quale si aprono direttamente tutti gli altri spazi della casa.

La «stanza elettronica» per la televisione, l'hi-fi, i videogame, il personal computer.

La zona pranzo è strettamente collegata alla cucina.

La cucina è piccola e composta da blocchi superattrezzati.

L'area guardaroba: pareti tappezzate di armadi dove sta tutto.

1993 LA CASA DI DOMANI

(da: Brava Casa, febbraio 1983)

55

Raccogliamo i mille consigli dell'architetto per vivere meglio nei nostri appartamenti.

(a cura dell'arch. Antonello Mosca, *Oggi,* 16 e 25 febbraio 1978)

INGRESSO

L'ingresso, o anticamera che dir si voglia, è certamente un ambiente importante: rappresenta il biglietto da visita della nostra casa.

Se le misure di questo locale sono molto *contenute* è bene che non vi sia separazione con il soggiorno, *demolendo* muretti e togliendo porte che servono a poco o nulla.

Evitate nel modo più assoluto il porta-abiti, o ancora peggio quei mobili che contengono tutto: telefono, abiti, ombrelli e specchiera.

Nei casi in cui l'ingresso è lungo e stretto fino a diventare un vero e proprio corridoio, sarà bene *ricorrere* a un abbassamento del soffitto.

Un elemento che può sempre far da *correttivo* è lo specchio, usato sempre allo scopo di correggere i volumi, e mai come vera e propria "specchiera". Il pavimento sarebbe bene fosse sempre quello dei locali *adiacenti*.

SOGGIORNO

È *indubbiamente* il locale di maggiore interesse, *paragonabile* soltanto alla camera da letto. Il suo arredamento dipende in grande misura dalle dimensioni: un locale rettangolare o quadrato, molto contenuto, *consente* una *disposizione* fissa dei divani, delle poltrone, dei tavoli e le uniche variazioni possibili sono proprio lo stile dei mobili, i colori, i materiali impiegati. La maggior parte di noi vive in ambienti dalle *dimensioni* molto *ridotte* e *si sforza, mutando* la posizione dei mobili, di trovare sistemazioni originali.

PRANZO

Il locale destinato al pranzo è ormai *dotazione* di poche famiglie: i pasti si consumano in un angolo del soggiorno o in cucina. Questo ambiente si è così ridotto a un vero e proprio angolo, solitamente formato da tavolo, sedie e un mobile contenitore che *sostituisca* un po' il vecchio buffet e un po' la *credenza*. È sempre bene *orientarsi* verso un tavolo allungabile, che permetta di accogliere almeno otto persone.

RAGAZZI

La camera dei ragazzi rappresenta un problema non indifferente per la donna italiana.

Iniziamo col dire che a terra è bene *collocare* una moquette: ci sarà meno rumore, i ragazzi potranno sedersi o sdraiarsi comodamente, l'arredamento ne avrà un primo *vantaggio*, i bambini più piccoli saranno meno *esposti* nelle cadute.

Quanto ai mobili, evitate di acquistare pezzi adatti solo ai bambini: questi molto rapidamente diventano grandi e ci troveremmo ad *affrontare* una nuova e sempre più *onerosa* spesa; scegliete invece mobili normali, dalle tinte preferibilmente chiare, ascoltando anche il parere dei ragazzi che, per la verità, molte volte hanno buone idee, o per lo meno sanno come si muovono.

MARMO

È un materiale tra i più antichi per quanto riguarda il *decoro* dell'abitazione. Il suo impiego nella casa di oggi si limita al pavimento e ai *davanzali* interni. Solo in questi ultimi tempi si è ricominciato ad *apprezzare* la bellezza e la praticità del pavimento in marmo, dalla durata e resistenza grandissime. I costi di oggi, *lievitati* in tutti i settori, hanno davvero reso "economico" il marmo, la cui richiesta sul mercato nazionale (contrariamente a quello estero) è andata indebolendosi.

Un altro impiego dove questo materiale sta riprendendo *quota* è quello per la realizzazione dei *lavelli* da cucina e da bagno.

L'ultima moda vuole il marmo anche sui piani dei mobili, come per i *cassettoni* del Sei e del Settecento. Una curiosità: per sapere se un marmo posto su un vecchio mobile *è di epoca* basta far passare la mano sulla costola posta sul retro: quando il taglio è liscio e non presenta tracce di *ruvidezza* significa che il marmo è stato collocato da poco tempo. Un *restauro* insomma che non ha tenuto conto che una volta le *tagliatrici* erano *azionate* a mano.

IL MARMO DI CARRARA

Carrara si trova a 126 chilometri da Firenze. È la capitale del marmo. Il marmo viene scavato dalla montagna fin dal tempo dei romani. Viene prodotto marmo di parecchie varietà, per un totale di mezzo milione di tonnellate. Nel 1505 il Papa Giulio II mandò il trentenne Michelangelo a scegliere il marmo che serviva per farsi costruire il proprio Mausoleo. Michelangelo Buonarroti restò a Carrara dei mesi prima di scegliere i marmi del Monte Altissimo. Per il marmo di Carrara fu l'inizio di una nuova fortuna.

PER LA CASA

• Tapparelle • Zanzariere • Campanello •
Serrature • Insetti e insetticidi •
Riscaldamento centralizzato • Ventilatore •
Scaldabagno • Tubature gelate •
Condizionatori d'aria

IN CUCINA

• Cappa aspirante • Grill • Girarrosto • Cucina
a gas • Cucina elettrica • Frullatore a immersione • Frullatore a immersione con battitore •
Robot da cucina • Friggitrice elettrica • Frigorifero • Congelatore • Bollitore elettrico • Cuoci-
uova • Pentola a pressione • Coltello elettrico
• Macina caffè • Mezzaluna • Gelatiera • Sal-
siera • Macchina per caffè espresso elettrica •
Tostapane • Apriscatole • Lavastoviglie

IN BAGNO

• Asciugacapelli • Casco per asciugare i capelli •
Termoventilatore • Rasoio elettrico • Depilatore

PER LA BIANCHERIA

• Macchina per cucire • Ferro da stiro •
Asciugatrice • Lavatrice • Aspiratore

Gli elettrodomestici

Gli apparecchi più diffusi tra i nostri abbonati sono le lavatrici, seguite dalle cucine, dai frigoriferi e dalle lavastoviglie. Risultato logico, dato che si tratta di apparecchi di prima necessità.
Molto più rari: forni a microonde e asciugabiancheria.

Ecco di che cosa vi lamentate

Frigoriferi: la critica principale riguarda il rumore. Per il resto, sono state formulate poche lamentele.

Congelatori: i modelli verticali sono giudicati più rumorosi e meno solidi di quelli orizzontali.

Combinazione frigorifero-congelatore: questi apparecchi sono considerati relativamente rumorosi, fatto che può creare qualche fastidio perché, contrariamente ai congelatori, solitamente sono collocati in cucina.

Cucine: i problemi sorgono soprattutto a livello di facilità di pulizia e di manutenzione. Altre critiche sono quasi assenti.

Piastre di cottura: le lamentele sono molto simili a quelle formulate a proposito delle cucine, ma meno frequenti.

Forni indipendenti: i modelli autopulenti sono considerati più rumorosi, ma più comodi. I modelli a ventilazione forzata sono più rumorosi ma più utili, mentre i combinati sono più rumorosi, più efficaci, più difficili da utilizzare, anche se la manutenzione presenta meno problemi.

Forni a microonde: il principale rimprovero indirizzato a questi forni è di essere troppo rumorosi. Le altre lamentele sono trascurabili.

Lavatrici: anche in questo caso, la critica più frequente riguarda il rumore.

Asciugabiancheria: gli apparecchi con carica dall'alto sono considerati più rumorosi e di più difficile manutenzione dei modelli a carica frontale.

Lavastoviglie: le lamentele sono sensibilmente più numerose che per qualsiasi altro apparecchio, la principale riguarda, anche qui, il rumore.

(da: *Altroconsumo*, febbraio *1991*)

ALTROCONSUMO
MANUTENZIONE E
RIPARAZIONI DOMESTICHE

Un prezzo speciale socio "Comitato Difesa Consumatori"

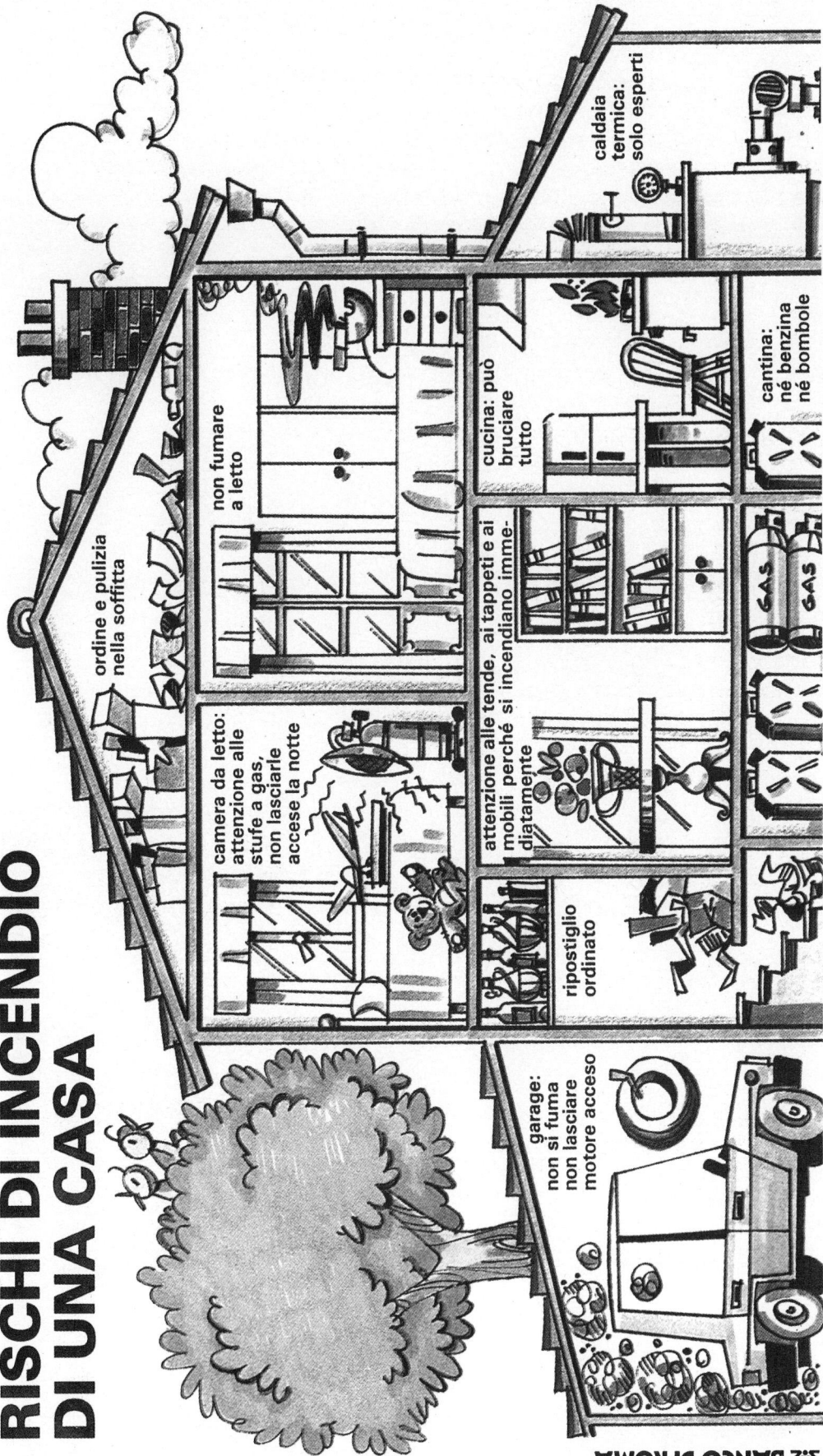

RISCHI DI INCENDIO DI UNA CASA

ordine e pulizia nella soffitta

non fumare a letto

caldaia termica: solo esperti

cucina: può bruciare tutto

cantina: né benzina né bombole

camera da letto: attenzione alle stufe a gas, non lasciarle accese la notte

attenzione alle tende, ai tappeti e ai mobili perché si incendiano immediatamente

ripostiglio ordinato

garage: non si fuma non lasciare motore acceso

GAS GAS

BANCO DI ROMA

Salviamo la terra

Fare E, intanto, cominciamo a dare l'esempio di quello che possiamo fare a livello personale:

Ridurre del 20% i consumi di energia (gas ed elettricità) per il prossimo anno.

Risparmiare l'acqua.

Usare meno l'auto e di più i mezzi pubblici.

Organizzare la raccolta dei propri rifiuti in modo differenziato (carta, vetro, metalli e plastica) a casa, a scuola, al lavoro.

Piantare almeno 10 alberi ed averne cura nella tua scuola o nel tuo quartiere.

Consumare preferibilmente prodotti ecologici o con meno imballaggi.

(da: *Lega per l'ambiente*)

PUBBLICITÀ ELETTORALE

Gli altri promettono la luna, noi garantiamo la terra.

VERDI

Bozell Testa Pella Rossetti

Prima di leggere le pagine che seguono, rispondete alle domande di questo test.

Hai mai buttato la cicca della sigaretta dal finestrino, mentre vai in automobile?

Se vai a fare un pic-nic nel bosco stai attento a lasciare tutto esattamente com'era?

In un parco pubblico ti comporti come se fossi in un giardino privato?

Durante le gite, eviti di arrivare in macchina fino in mezzo alla foresta?

Se vedi una persona che accende il fuoco in un prato e non si preoccupa di spegnerlo, la richiami?

Quando fai la spesa, cerchi di scegliere i prodotti biodegradabili?

Hai mai scaricato rifiuti in luoghi non indicati come «discariche pubbliche autorizzate»?

(da: *Due più*, 1982)

E adesso parliamo un po' di:
PROTEZIONE CIVILE
(a cura di Alessandra Cangemi e Maria Luisa Gioia da: *Due Più*, gennaio 1982)

Cosa c'entra una cicca di sigaretta con un terremoto? E le cartacce di un picnic con una frana o un'alluvione? Ve lo sarete chiesto, leggendo le domande sotto i disegni. Perché, ammettiamolo onestamente, tutti abbiamo qualche volta buttato la cicca della sigaretta dal finestrino. Quanto alle gite nei boschi, a volte proprio non si ha voglia di farsi una camminata: se è possibile usare la macchina, perché non *approfittarne*. Le passeggiate, se mai, si faranno sul posto. E poi l'*attrezzatura* da pic-nic pesa.
E una *lattina* o una cartaccia in più sul prato non farà male a nessuno: "tanto, lo fanno tutti"...

Come costruire un ambiente a misura d'uomo?

È un compito che spetta alle scuole, ai mass media, alle amministrazioni pubbliche, certo; ma anche a tutti noi. Cominciando dalle cose minime: rinunciare qualche volta all'automobile, lasciar perdere la sigaretta quando ci si trova in un bosco, buttare rifiuti e cartacce solo nei luoghi adibiti allo scopo, consumare il meno possibile i prodotti *non biodegradabili* (ricordiamoci che l'industria produce sempre in funzione di noi consumatori). Questo piccolo sforzo di autocontrollo, se messo in pratica da ognuno di noi, produrrebbe già grandi risultati.
Si tratta di ricostruire *gradualmente* una cultura, di fondare, a poco a poco, una civiltà diversa, un nuovo modo di vivere. Di *recuperare*, alla fine, quei "*valori condivisi* " senza i quali nessuna convivenza è possibile e non esiste alcuna comunità, ma soltanto un certo numero di individui ognuno dei quali va nella propria direzione, senza vedere e tener conto di altro.

NUCLEARE?

No, grazie	Sì, grazie
"È come usare un cannone per uccidere una mosca". "Quando si usano sistemi enormi che emanano radiazioni potentissime per ottenere una cosa così semplice come l'acqua calda vuol dire che c'è qualcosa che non va e che si è in cerca di guai. Se dovessi consigliare dei buoni affari a un finanziere oggi, non gli consiglierei certo le centrali nucleari. La preoccupazione diffusa per l'inquinamento, che siano scorie radioattive o "l'effetto serra", rende questo un momento particolarmente adatto per sostituire il sistema di produzione di energia attuale con l'energia solare. L'energia solare è meno costosa del nucleare.	L'energia nucleare è "pulita" da un punto di vista di emissioni nell'atmosfera. Non esiste il problema delle scorie radioattive, possono essere trattate chimicamente. Le nuove centrali nucleari sono assolutamente sicure. ....
Meglio il sole, parola di ecologista	Ma l'atomo è vicino, parola di ministro

In Italia il risultato dei tre referendum dell'87 ha convinto il governo a bloccare subito la già avanzata costruzione delle centrali nucleari di Montalto di Castro (duemila megawatt) e di Trino 2 (altri duemila megawatt). Poi è stata chiusa Latina (160 megawatt) e infine è stata sospesa l'attività di Caorso (870 megawatt) e di Trino (250 megawatt).

(da: *Fortune,* marzo 1990)

I PROVERBI E LA METEOROLOGIA

	VERO	FALSO
1) Se l'inverno è asciutto la primavera sarà piovosa.	☐	☐
2) Colline incappucciate o pioggia o nevicate.	☐	☐
3) Dopo un inverno con molta neve la primavera sarà bella.	☐	☐
4) Rosso di sera bel tempo si spera.	☐	☐
5) Rosso di mattina la pioggia si avvicina.	☐	☐

1 e **3** (falso) tra le stagioni non esiste alcun legame

4 (falso) il colore del cielo dipende dal grado di concentrazione del vapore

2 (vero) perché le nuvole sono a bassa quota

5 (vero) segnala che l'alta umidità favorisce il formarsi delle nubi

PROVIANO A FARE LE PREVISIONI				
		BAROMETRO E TERMOMETRO	**IL COLORE DEL CIELO**	**COME SONO LE NUBI**
STABILE	**BELLO**	Pressione alta, basse invece temperatura e umidità.	Azzurro chiaro. All'alba grigio tendente al chiaro.	Assenza di nubi o poche ma alte biancastre e a contorni non netti.
STABILE	**BRUTTO**	Pressione bassa, forte umidità. Temperatura in aumento d'inverno, al contrario in estate.	Azzurro, rosso invece all' alba. Presenza di aloni intorno al sole e alla luna.	Nubi consistenti, grosse e scure. Cielo a pecorelle.
VARIABILE	**PEGGIORA**	Diminuisce la pressione. Temperatura in calo d'estate, in aumento d'inverno. Aumento dell' umidità.	Cielo azzurro scuro, rosso all'alba, rosso scuro al tramonto.	Nubi al tramonto e piuttosto dense all'orizzonte.
VARIABILE	**MIGLIORA**	Temperatura e umidità in diminuzione. Pressione in aumento.	Coperto di nubi al mattino, alba grigiastra, sereno al tramonto.	Orizzonte coperto di nubi che però lasciano intravedere il cielo.

LE PREVISIONI DEL TEMPO

(da: *TV Sorrisi e Canzoni*, n. 1, 1992)

LEI GUARDA/ASCOLTA/LEGGE LE PREVISIONI DEL TEMPO?
- d'abitudine
- solo prima di particolari occasioni

CON QUALE FREQUENZA GUARDA/ASCOLTA/LEGGE LE PREVISIONI DEL TEMPO?
- tutti i giorni
- una o due volte la settimana
- raramente

PER CHI HA RISPOSTO *"raramente"* OPPURE *"solo prima di particolari occasioni"* IN QUALI MOMENTI SOPRATTUTTO?
- prima di un week-end   - prima di navigare
- prima di un viaggio   - prima di andare a sciare
- prima di una partenza per le vacanze - altro (prima di gite, cerimonie, picnic)

LE PREVISIONI DEL TEMPO IN GENERALE SONO ATTENDIBILI...
- molto   - poco
- abbastanza   - per niente

A SUO PARERE, GLI ITALIANI, DOPO AVER SENTITO/GUARDATO/ASCOLTATO LE PREVISIONI DEL TEMPO, DECIDONO DI CAMBIARE...
- nulla   - abbigliamento
- meta delle vacanze/week-end - altro
- mezzi di trasporto

QUALI INFORMAZIONI DELLE PREVISIONI METEOROLOGICHE LE INTERESSANO DI PIÙ?
- meteorologia su tutto il territorio nazionale - bollettini dei mari
- notizie meteorologiche regionali   - bollettini della neve
- le temperature

Un'ondata di maltempo sta investendo in queste ore la penisola

Per il week-end torna l'inverno con vento, temporali, anche neve

Precipitazioni nevose previste sugli Appennini e sulle Alpi al di sopra degli ottocento, mille metri; la temperatura si abbasserà; è possibile l'acqua alta a Venezia. Mari mossi. Per Pasqua tempo variabile perturbato

di **ANDREA BARONI**

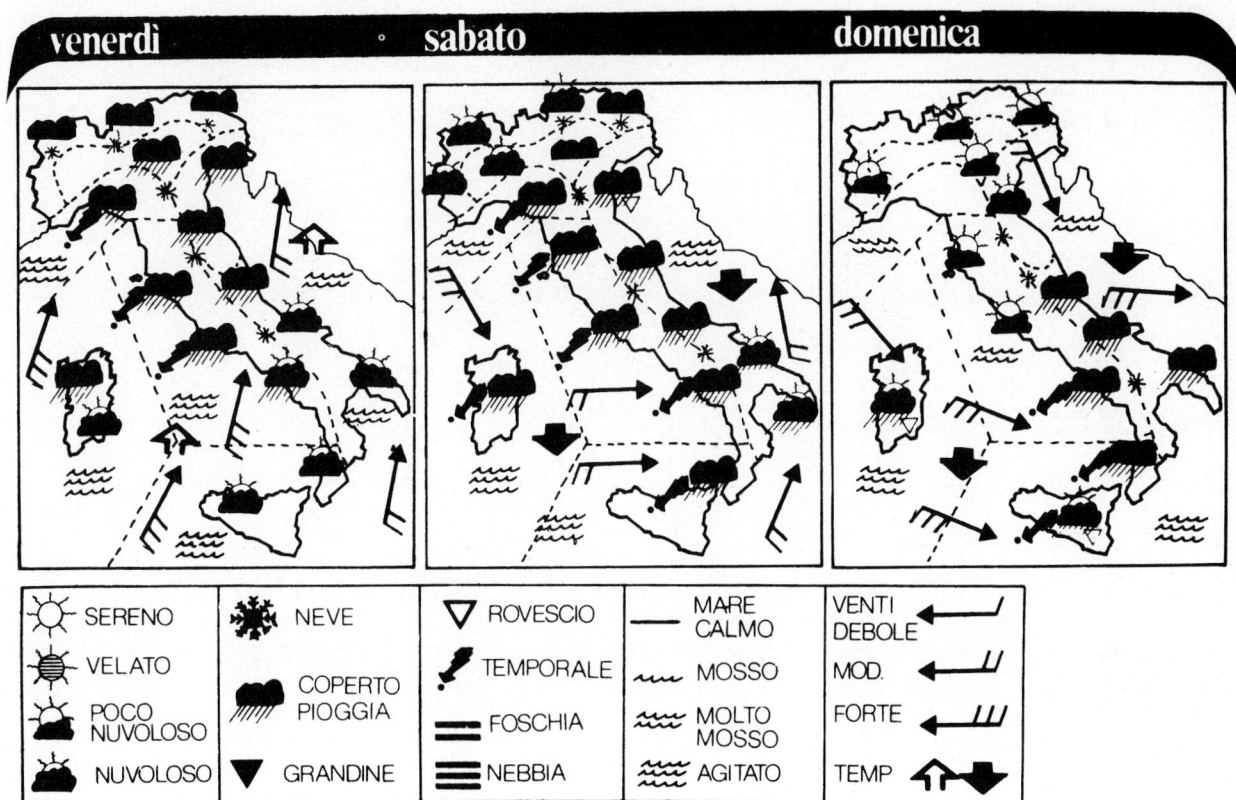

| venerdì | sabato | domenica |

SERENO	NEVE	ROVESCIO	MARE CALMO	VENTI DEBOLE
VELATO	COPERTO PIOGGIA	TEMPORALE	MOSSO	MOD.
POCO NUVOLOSO		FOSCHIA	MOLTO MOSSO	FORTE
NUVOLOSO	GRANDINE	NEBBIA	AGITATO	TEMP

Le precipitazioni, che sulle Alpi e sugli Appennini a quota sopra gli 800-1000 metri saranno nevose, subiranno una temporanea attenuazione sulle regioni nord-occidentali, sulle centrali tirreniche e sulla Sardegna soltanto nella giornata di domenica.

Tra questa notte e domani sarà probabile l'acqua alta sulla Laguna veneta; i mari tenderanno ad essere da molto mossi ad agitati tra oggi e domani per forti venti intorno Sud-Est (Scirocco) e tra domani e domenica per venti tra Sud-Ovest (Libeccio) e Nord-Ovest (maestrale).

I temporali saranno più probabili sulla Sardegna, sulla Sicilia e sulle regioni dei versanti tirrenici. La temperatura tra sabato e domenica subirà un deciso abbassamento sino ai valori invernali.

(da: *la Repubblica*, venerdì 25 marzo 1983)

INCOLLA QUI I TUOI RITAGLI DI GIORNALE

PARTE TERZA

IL LAVORO

Scuola e lavoro:	*Quale scuola per quale lavoro* *Compra un personal computer per...* *Il curriculum* *Così abbiamo trovato un lavoro*

I diritti:	*Che cos'è...* *Che cosa sono...* *La busta paga* *Licenziamento*

Che lavoro fai?	*L'esercito dei vigilantes* *La pesca* *Gli ultimi posteggiatori* *Grossi e dannati*

SCUOLA E LAVORO

ORDINAMENTO SCOLASTICO ITALIANO

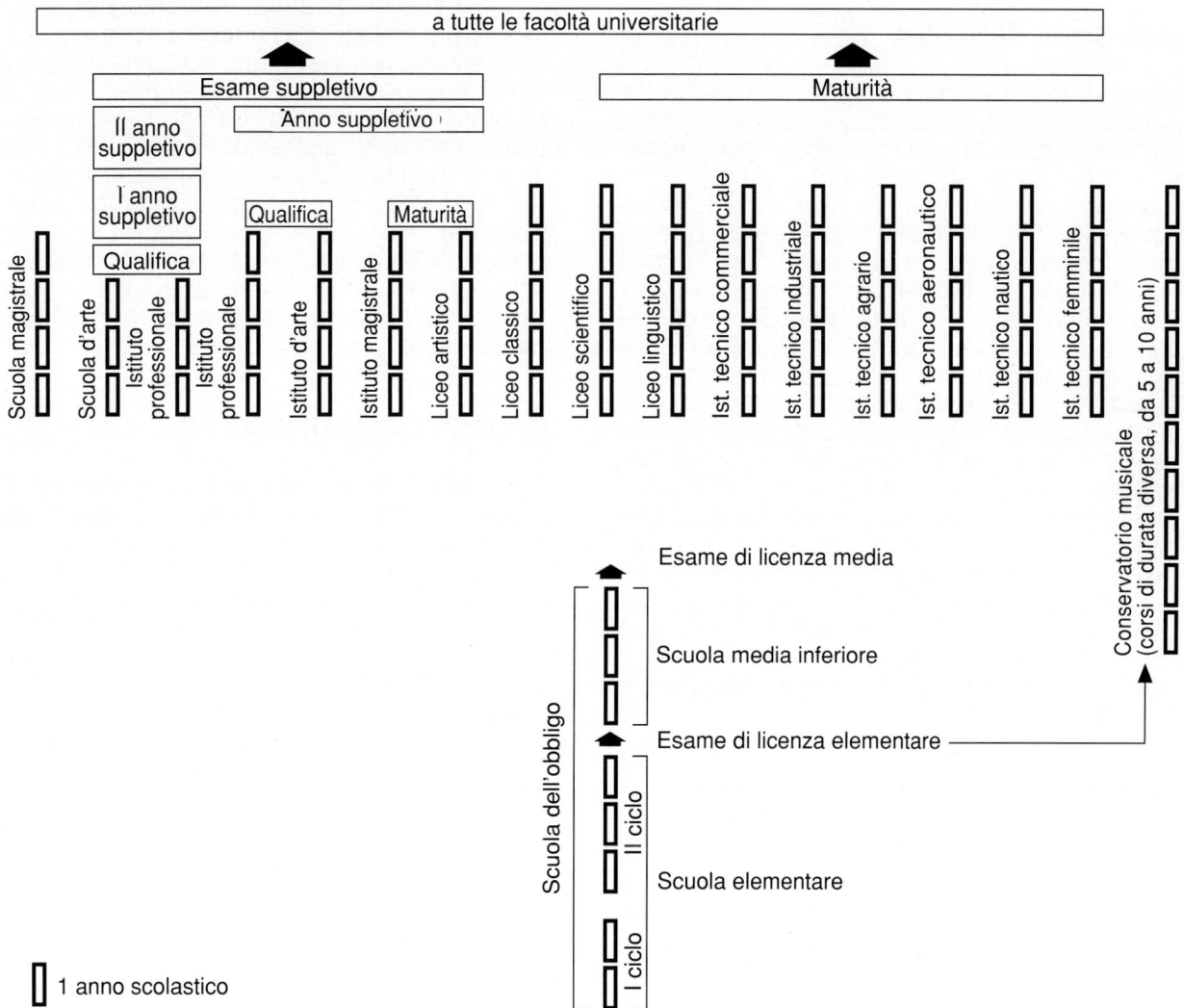

a tutte le facoltà universitarie

Esame suppletivo | Maturità

II anno suppletivo

I anno suppletivo | Anno suppletivo

Qualifica | Maturità

Qualifica

Scuola magistrale

Scuola d'arte

Istituto professionale

Istituto professionale

Istituto d'arte

Istituto magistrale

Liceo artistico

Liceo classico

Liceo scientifico

Liceo linguistico

Ist. tecnico commerciale

Ist. tecnico industriale

Ist. tecnico agrario

Ist. tecnico aeronautico

Ist. tecnico nautico

Ist. tecnico femminile

Conservatorio musicale (corsi di durata diversa, da 5 a 10 anni)

Esame di licenza media

Scuola media inferiore

Esame di licenza elementare

Scuola elementare

Scuola dell'obbligo

II ciclo

I ciclo

1 anno scolastico

(da: *Il nuovo Zingarelli*, Vocabolario della lingua italiana, Zanichelli, 1990)

Quale scuola per quale lavoro

LA DIFFICILE SCELTA DOPO LA TERZA MEDIA

Fino alla terza media, uno studente non ha molti problemi di scelta, perché sia la scuola elementare che la media hanno, in tutta Italia, uguali programmi e uguale struttura organizzativa. Finita la terza media iniziano invece le scelte. E sono spesso scelte difficili.

SI PARLA DI OBBLIGO A 16 ANNI

Ormai da più parti si parla di portare l'obbligo scolastico a 16 anni.
Nel 1992 una commissione ministeriale ha elaborato i nuovi programmi del biennio della scuola superiore.

CHE COSA SI STUDIA

Nelle scuole secondarie superiori, tranne alcune eccezioni, si studiano alcune materie già presenti nella scuola media, come italiano, matematica, storia, lingua straniera, educazione fisica, religione (o relativa materia alternativa). Specialmente nel biennio queste materie mantengono il loro peso. Nel triennio l'orario delle lezioni subisce invece un notevole mutamento, in quanto la scuola tende ad essere professionalizzante. Va tenuta presente la grande diversità del peso che viene dato alle materie di studio. Molto forte è anche la diversità di impostazione degli studi: ad esempio i licei classici e scientifici sono tutti spostati su materie teoriche, mentre gli istituti professionali e i tecnici prevedono in alcuni indirizzi moltissime ore di laboratorio. Chi dopo la terza media decide di iscriversi alla scuola secondaria superiore deve operare una scelta che sarà fondamentale per la sua vita. Questa scuola infatti, a differenza della scuola media, non è unica, ma articolata in diversi tipi e indirizzi.

DURATA E ACCESSO ALL'UNIVERSITÀ

La scuola superiore non è unitaria nemmeno nella sua durata. Ad esempio l'istituto magistrale come anche il liceo artistico hanno durata quadriennale; gli istituti professionali offrono la possibilità di ottenere la qualifica con soli tre anni. La stragrande maggioranza delle scuole superiori ha comunque durata quinquennale. Anzi, di recente, la durata quinquennale è divenuta un elemento importante: solo frequentando un anno integrativo nelle magistrali o nei licei artistici e due anni negli istituti professionali si può ottenere quel libero accesso all'università previsto dalla legge. Anche nella pubblica amministrazione si richiede, tranne casi eccezionali, una scuola di durata quinquennale per accedere alla cosiddetta carriera di concetto. Nelle scuole quinquennali l'articolazione è in genere quella di un biennio e di un triennio. Anche qui però le regole non sono fisse.

IL LICEO CLASSICO

I primi due anni vengono denominati 4° e 5° ginnasio, mentre il triennio 1°, 2° e 3° liceo classico. Soprattutto nel ginnasio molto forte è l'impronta umanistica, non solo per la presenza del greco, ma anche per la notevole quantità di ore dedicate ad italiano, latino, storia e geografia. La matematica esiste solo come materia orale. La lingua straniera si studia fino al 5° ginnasio. Per capire la struttura di questa scuola, si pensi che i docenti del ginnasio sono soltanto cinque: lettere, matematica, inglese, educazione fisica e religione. In alcuni licei classici sono state avviate sperimentazioni nelle quali l'insegnamento della lingua è stato esteso fino al quinto anno.

IL LICEO SCIENTIFICO

È articolato in un biennio e in un triennio. Le materie di fondo sono italiano, storia, filosofia, latino, matematica, fisica e lingua straniera (che si studia fino al quinto anno). A differenza del liceo classico, non ha il greco, e l'orario delle lezioni è strutturato in maniera da dare maggior rilievo alle materie logico-scientifiche.

TECNICI FEMMINILI

Per anni questi istituti sono stati oggetto di polemiche. Riservati alle sole ragazze, con materie per ragazze, sono stati considerati veri e propri ghetti. Da alcuni anni si possono iscrivere a queste scuole anche i ragazzi. Ma poiché nessuna riforma sostanziale è stata apportata, continuano ad essere scuole femminili di nome e di fatto (i ragazzi che vi si iscrivono sono infatti rarissimi). Gli istituti tecnici femminili sono in Italia 46 (più 2 sezioni staccate). Hanno, oltre all'indirizzo di studi generale, indirizzi per:

- Econome-dietiste;
- Periti aziendali e corrispondenti in lingue estere;
- Dirigenti di comunità.

IL LICEO ARTISTICO

È molto diverso dai licei classico e scientifico, perché, mentre quelli tendono ad una formazione generale, questo tende a sviluppare soprattutto le capacità artistiche. Sono infatti le discipline di indirizzo (come disegno tecnico, ornato, ornato modellato, figura modellata, disegno geometrico, disegno tecnico, architettura, ecc.) ad occupare gran parte dell'orario scolastico. Italiano e storia sono trattati in poche ore, è assente la lingua straniera (e questo è uno dei più evidenti anacronismi di questa scuola), mancano il latino e il greco. Abbastanza ampio è invece il programma di matematica. Il liceo artistico ha durata quadriennale. Al termine dei quattro anni c'è un esame di Stato: coloro che lo superano possono poi iscriversi all'Accademia delle Belle Arti. Per accedere ad altre facoltà universitarie (ad esempio Architettura) è necessario frequentare un quinto anno di completamento facoltativo. Quanto agli sbocchi di lavoro, i diplomati possono orientarsi verso il campo pubblicitario, televisivo, del restauro, della scenografia, ecc.

ISTITUTO MAGISTRALE

Fornisce il diploma di abilitazione magistrale, l'unico titolo che dà diritto ad accedere all'insegnamento nella scuola elementare. Molto diffusa su tutto il territorio nazionale, questa scuola ha una durata di 4 anni.
Il curriculum prevede molte materie. Si studia fra l'altro filosofia, pedagogia, psicologia, musica, disegno e storia dell'arte, nonché latino. Proprio perché le materie sono molte e gli anni ridotti a quattro, la preparazione è di regola generica. È frequentato in stragrande maggioranza da ragazze. Il numero degli studenti che ogni anno consegue l'abilitazione magistrale è molto superiore ai posti disponibili per divenire insegnanti di ruolo, per cui la stragrande maggioranza dei giovani provvisti di questo titolo è costretta a ripiegare su altri lavori.

ISTITUTI TECNICI COMMERCIALI

È la scuola che offre la possibilità di conseguire il diploma di ragioniere. Già nel biennio si studiano (insieme a italiano, storia, matematica, ecc.) materie particolari, considerate professionalizzanti, come computisteria, dattilografia, stenografia; nel triennio si studiano inoltre materie come tecnica bancaria, matematica finanziaria, diritto, ecc. Non tutti sanno che con l'Istituto tecnico commerciale ci si può specializzare in settori diversi e precisamente:

- Amministrativo
- Programmatori
- Commercio estero
- Mercantile
- Periti aziendali e corrispondenti in lingue estere
- Amministrativo industriale

(da: *Il Salvagente* (L'Unità), 25/2/89)

COMPRA UN PERSONAL COMPUTER PER...

Il direttore del museo

Il noleggiatore

L'orologiaio

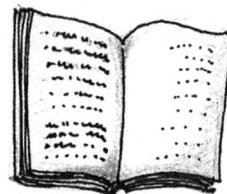

L'editore

Il sarto

L'ottico

L'agente di viaggi

Lo spedizioniere

Il capovillaggio

Il direttore dello zoo

Il professore

L'architetto

Il cuoco

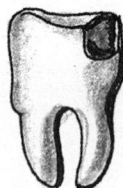

IL dentista

Il banchiere

Il ferroviere

LO USA PER

(da: *Pubblicità* IBM)

1	account junior	archiviare i suoi lavori	30
2	agente di viaggi	avere a portata di mano l'anamnesi dei pazienti	35
3	agricoltore	avere più tempo per le idee luminose	8
4	architetto	avere sempre una scorta dei modelli più venduti	36
5	assicuratore	calcolare i chilometraggi	37
6	banchiere	calcolare le spese di riscaldamento	19
7	Befana	calcolare più in fretta premi e pagamenti	5
8	capocentro	classificare le sue piccole creature	12
9	capofficina	confrontare le cose perse con quelle ritrovate	49
10	capovillaggio	contattare enormi banche dati	26
11	celebre direttore	contenere i costi	40
12	collezionista	controllare i tempi	9
13	comico	controllare le vendite mensili	39
14	cuoco	creare modelli e affari	20
15	dentista	creare nuovi cataloghi	17
16	direttore d'azienda	dirigere le sue royalties	11
17	direttore del museo	equilibrare domande, forniture e resi	7
18	direttore delle terme	gestire l'archivio dei clienti	18
19	direttore dello zoo	gestire le prenotazioni	10
20	disegnatore di moda	i conti dei clienti	27
21	droghiere	i suoi esami	41
22	editore	il casting	32
23	farmacista	le ricerche d'archivio	44
24	ferroviere	le sue edizioni	22
25	floricultore	le sue previsioni	6
26	general manager	le sue tristi statistiche	50
27	gestore d'albergo	mettere sulla carta il suo lavoro	34
28	gestore della mensa	migliorare il proprio rendimento	47
29	governo	migliorare la miscela del foraggio	3
30	grafico	non perdere di vista i suoi progetti	42
31	imprenditore	organizzare gli inclusive tours	2
32	impresario teatrale	pianificare carichi e consegne	46
33	impresario	pianificare i suoi numeri	13
34	meccanico	pianificare le tournée	33
35	medico	programmare il trenino di suo figlio	24
36	negoziante di scarpe	programmare le scorte	21
37	noleggiatore	programmare menù, calorie e tutto il resto	28
38	orologiaio	registrare gli esperimenti con gli ibridi	25
39	ottico	registrare i suoi esperimenti	48
40	produttore	richiamare i pazienti al momento giusto	15
41	professore	ricordare gli appuntamenti	45
42	progettista	ricordare i 45.000 nomi delle medicine	23
43	sarto	ricordare le ricette dopo averle provate	14
44	scienziato	ridurre i tempi di progettazione	4
45	segretaria	rilassarsi con i videogiochi	38
46	spedizioniere	sgravare i suoi grandi computer	29
47	studente	spedire i suoi memo	16
48	tecnico	spiazzare la concorrenza	31
49	ufficio oggetti smarriti	stupire l'account senior	1
50	vigile del fuoco	tagliare i costi mentre taglia i tessuti	43

"FIGLIOLO, IO ALLA TUA ETÀ, LAVORAVO GIÀ"

"IO, ALLA TUA, SARÒ ANCORA DISOCCUPATO"

(da: *La Guida per chi lavora*, CGIL)

"LAVORO PER MANTENERMI ALL'UNIVERSITÀ" "E CHE LAVORO FAI?"

"INCHIESTE SUI GIOVANI LAUREATI DISOCCUPATI"

Il curriculum

COME REDIGERLO

È la sintesi delle proprie esperienze negli studi e nel lavoro; un "biglietto da visita" che dice di noi stessi cosa abbiamo fatto e che cosa sappiamo fare. Il <u>curriculum vitae</u> deve quindi contenere tutte le informazioni che possono interessare all'azienda a cui ci rivolgiamo. Quali sono? Oltre ai dati anagrafici e alla situazione famigliare, il curriculum è il riassunto degli studi compiuti, della vita professionale (specificando qualifiche e mansioni), delle conoscenze linguistiche, con indicazioni riguardanti il servizio militare.

Per le esperienze professionali vanno riportate le date.

Se non è espressamente richiesto "scritto a mano" (molte aziende lo vogliono così perché impiegano un grafologo per la selezione), il curriculum va compilato a macchina con firma autografa. ■

Angelo Brighenti via Vigevano 42 20133 Milano - Tel. 28298233
Nato a Milano l'8 marzo 1951
Cittadino italiano
Coniugato con Lucia Nosotti, due figli
STUDI
Maturità scientifica conseguita al Liceo Mameli di Milano nel 1971
Laurea in giurisprudenza ottenuta all'Università degli studi di Milano nel 1976, con tesi in diritto commerciale
STAGES
Sei mesi (dal gennaio 1978 al maggio 1978) all'Ufficio titoli della Banca Commerciale, sede centrale di Milano
VITA PROFESSIONALE
Dirigente presso la Cartotecnica S.p.A. di Varese (dal giugno 1978 al febbraio 1982)
Funzione: recupero crediti e pianificazione risorse finanziarie
Direttore presso la B.C.S. S.p.A. di Milano (dal marzo 1982)
Funzione: responsabile del controllo di gestione, incarico che ricopro tuttora
CONOSCENZE LINGUISTICHE
Italiano, lingua madre
Inglese, ottimo livello, sia scritto, sia parlato
SERVIZIO MILITARE
Dal settembre 1976 al novembre 1977; congedato col grado di tenente dell'esercito.

(da: *Donna moderna*, novembre 1990)

(da: *Letizia*, n. 498, ottobre 1987)

Così abbiamo trovato un lavoro

► Televisione

Bea Zicchinelli, 25 anni, diplomata al corso triennale serale di aiuto montatore del Comune di Milano, viale Legioni Romane 43, tel. 02/4048455.

«Ho iniziato quasi per caso, più che altro per curiosità, e la scuola mi è servita per farmi un'idea di questo lavoro. Il primo anno è di preparazione, gli ultimi due sono di specializzazione. Dal punto di vista teorico mi ha dato un buon background, anche se poi non è richiesto quando si lavora. Durante l'ultimo anno ho incominciato a lavorare come montatrice di programmi televisivi. Da questo punto di vista la scuola mi è molto servita per entrare nel giro. Il lavoro l'ho trovato perché un mio professore mi ha detto che cercavano un montatore».

► Telematica

Loredana Agnello, diplomata al corso pilota del Fondo sociale europeo per specialisti di reti telematiche, organizzato dall'Anapia, Associazione nazionale addestramento professionale industria e agricoltura, tel. 02/860886 - 862812.

«Dopo il diploma in ragioneria mi sono iscritta a questo corso speciale finanziato dal Fondo sociale europeo. La telematica è un settore nuovo dove non esiste molta documentazione. Ma la richiesta delle aziende è forte tanto è vero che prima della fine del corso il 90 per cento degli studenti era già sistemato. Io mi sono dovuta trasferire a Ivrea, dove attualmente "testo" la validità dei vecchi programmi su un nuovo sistema operativo di personal banking».

(da: *Donna moderna*, novembre 1990)

(da: *La guida per chi lavora*, CGIL)

Costituzione della Repubblica italiana.

Art.   1   L'Italia è una Repubblica democratica fondata sul lavoro.
Art. 35   La Repubblica tutela il lavoro in tutte le sue forme ed applicazioni.
Art. 36   Il lavoratore ha diritto al riposo settimanale e a ferie annuali retribuite,
           e non può rinunciarvi.
Art. 40   Il diritto di sciopero si esercita nell'ambito delle leggi che lo regolano.

CHE COS'È: *Lo Statuto dei lavoratori*

Lo Statuto dei lavoratori fu adottato sotto la spinta di grandi movimenti sociali. Nel 1968 vi erano stati i moti studenteschi. Seguì, poi, il cosiddetto "autunno caldo": venuti a scadenza i principali contratti di lavoro, i sindacati non si accontentarono di discutere solo dei salari. Allargarono la trattativa ai problemi della libertà dei lavoratori, a quelli della tutela degli ambienti di lavoro, ecc.
Dopo un biennio agitato, nel maggio 1970, diventava legge lo Statuto dei lavoratori, che apriva una nuova fase dei rapporti sindacali: mentre fino ad allora lo Stato non aveva disciplinato il fenomeno sindacale, con la nuova legge, esso ne legittima la presenza, lo riconosce e lo sostiene.

CHE COSA SONO: *I Sindacati*

I sindacati sono associazioni di dipendenti, dirette a proteggere i lavoratori, a farne valere i diritti, a organizzarne l'azione mediante assemblee, scioperi, ecc.
I sindacati hanno la funzione di tutelare i lavoratori. A questo scopo, essi ne organizzano l'attività, nonché le forme di protesta, tra cui principalmente lo sciopero.
In Italia vi sono più sindacati. I più importanti fanno capo alle tre confederazioni più rappresentative sul piano nazionale: a) Confederazione Generale Italiana del Lavoro (CGIL) che è la più numerosa; b) Confederazione Italiana Sindacati dei Lavoratori (CISL); c) Unione Italiana del Lavoro (UIL).
Esistono altre organizzazioni sindacali, come la CISNAL, collegata al MSI o i sindacati "autonomi" (che operano solo o prevalentemente in un impianto, in una zona, o in un settore).

CHE COS'È: *Il Contratto Collettivo Nazionale di Lavoro (CCNL)*

Una delle attività principali del sindacato è quella di trattare con l'imprenditore le condizioni di lavoro dei dipendenti (orario, ambiente di lavoro, retribuzione, ecc.) e di fare accordi periodici (di solito triennali) che le regolino. Questi accordi si chiamano contratti collettivi di lavoro. Mentre i contratti individuali (che sono un'eccezione) riguardano un solo dipendente, quelli collettivi si applicano a tutta la categoria (per esempio, lavoratori elettrici, lavoratori chimici). Di fatto, quindi, i contratti si applicano non solo ai lavoratori iscritti al sindacato, ma anche a tutti gli altri lavoratori della categoria.

CHE COS'È: *Lo sciopero*

Lo sciopero può essere: a sorpresa (se lo sciopero non viene annunciato all'imprenditore); a singhiozzo (se si sciopera, ad esempio, per un'ora, o mezz'ora, ogni quattro); a scacchiera (se i reparti di uno stabilimento non scioperano contemporaneamente, ma alcuni in un momento, altri in un altro); bianco (consiste nel lavorare, ma lentamente e applicando minuziosamente tutti i regolamenti, in modo da rallentare fortemente l'attività).

(da: Sabino Cassese, *Il cittadino e la Repubblica italiana*, Bari, Laterza, 1988)

LA BUSTA PAGA

Non si ammettono reclami per denaro mancante o fuori corso se non sono fatti al ritiro dell'importo.
Non si ammettono reclami sui conteggi se non sono fatti entro la scadenza del periodo di paga successivo.

retribuzione del sig. _____

_____

qualifica _____ n. _____

periodo _____

RETRIBUZIONE LORDA	retribuzione ore/gg.	n.	a L.			
	contingenza ore/gg.	n.	a L.			
	terzo elemento					
	ore straordinarie	n.	a L.			
	scatti anzianità	n.	a L.			
	cottimo/incentivo					
	festività n.		ferie gg.			
	50% diarie					
	mensilità aggiuntiva					
IMPONIBILE CONTRIBUTI	arrotondamento di (A) =			**TOTALE** (A)		
RITENUTE	INPS					
	ritenuta pensionati					
			RETRIBUZIONE NETTA			
ALTRE COMP	50% diarie					
	indennità malattia, maternità					
IMPONIBILE I. R. PE. F.	TOT. (B)+	–	=	**TOTALE** (B)		
ALTRE RITENUTE	imp. lorda	– detraz.				
	anticipi e prestiti					
			TOTALE			
assegno nucleo familiare						
Ore da recuperare n.			**SOMMA PAGATA**			

● 018441 - 090/032   Buffetti 8874 bis (m)

(da: *La guida per chi lavora*, CGIL)

LA BUSTA PAGA

Molte voci compongono la retribuzione mensile di un lavoratore. Esaminiamo insieme le più importanti:

Paga base: È la retribuzione mensile definita dai Contratti Collettivi Nazionali di Categoria; la paga base si determina in relazione alla qualifica o livello professionale del lavoratore.

Indennità di contingenza: È quella parte variabile del salario legata al costo della vita, vale a dire all'aumento dei prezzi. È calcolata attraverso la scala mobile, un meccanismo che permette alle retribuzioni di "inseguire" gli aumenti dei prezzi dei beni importanti, garantendo il potere d'acquisto di chi ha un lavoro dipendente.

Scatti anzianità: Ogni due anni vi è un aumento nella retribuzione collegato all'anzianità di servizio nella stessa azienda.

Trattenute o Ritenute: Sullo stipendio il datore di lavoro trattiene alcune somme che versa all'INPS (Istituto Nazionale per la Previdenza Sociale) e che servono per il fondo pensioni, per l'assicurazione per malattia, ecc.

IRPEF : Imposta sul Reddito delle Persone Fisiche. Tasse che ogni lavoratore paga allo Stato in base alla retribuzione.

Assegni familiari: Sono elementi della retribuzione che spettano al lavoratore per le persone che vivono a suo carico (coniuge, figli...).

Cassa Integrazione Guadagni:
Se l'impresa attraversa un periodo di crisi, è costretta a ridurre le ore di lavoro (e, corrispondentemente, la retribuzione) dei lavoratori, o a sospenderli temporaneamente. In questi casi, con una speciale procedura, interviene un organismo pubblico, la *Cassa Integrazione Guadagni*, che dà ai lavoratori un'indennità pari all'80% della retribuzione che essi avevano prima della sospensione o della riduzione di orario.

LICENZIAMENTO

Per giusta causa

Per essere licenziati in tronco bisogna commettere una mancanza disciplinare molto grave. Il provvedimento in questo caso si dice che viene preso "per giusta causa". Le infrazioni che prevedono questo tipo di trattamento sono scritte sul contratto o sul regolamento aziendale e sul contratto nazionale di categoria.
Generalmente le infrazioni per le quali si rischia il licenziamento sono:
– grave insubordinazione ai superiori;
– furto in azienda;
– trafugamento di documenti;
– danneggiamento volontario ai materiali;
– abbandono del posto da cui possa derivare rischio all'incolumità di persone o alla sicurezza degli impianti;
– fumare dove è pericoloso;
– fare in azienda lavori per proprio conto o per altri senza permesso;
– rissa nel reparto di lavorazione.

Divieto di licenziare

– per ragioni politiche, sindacali o religiose;
– per causa di matrimonio (viene attribuito a questa causa il licenziamento effettuato tra la richiesta di pubblicazione e un anno dopo il matrimonio);
– per causa di gravidanza fino al compimento di un anno del figlio;
– prima di licenziare l'azienda deve comunicarti per iscritto i fatti che ti si addebitano;
– deve esserti data la possibilità di difenderti anche assistito dal tuo sindacato;
– il licenziamento ti deve essere comunicato per iscritto;
– se ti viene comunicato a parole, non dargli retta e continua ad andare a lavorare, perché questa comunicazione non è valida;
– entro otto giorni puoi richiedere i motivi del licenziamento;
– l'azienda è tenuta a darti spiegazioni entro cinque giorni dalla tua richiesta.

(da: *La guida per chi lavora,* CGIL)

L'ARTIGIANO

a cura di Andrea Liberatori

L'AUTOMOBILE
IL MECCANICO
IL CARROZZIERE
L'ELETTRAUTO
IL CARBURATORISTA

L'ABBLIGLIAMENTO
LA TINTORIA
IL PELLETTIERE
IL SARTO

LA CASA
IL DECORATORE
L'ELETTRICISTA
IL RIPARATORE
DI ELETTRODOMESTICI
IL RISTRUTTURATORE
IL PIASTRELLISTA
L'IDRAULICO

IL CORPO
IL BARBIERE
L'ACCONCIATRICE
L'ESTETISTA

IL TRASPORTATORE

L'ALIMENTAZIONE
LA PASTA FRESCA
I GELATI
LA PASTICCERIA

(da: *Il Salvagente (L'Unità)*, 16/12/89)

L'esercito dei vigilantes

(di Marco Pellegrini da: *Il Mattino Illustrato*, 13 ottobre 1979)

Il giorno in cui Alfredo Delli Santi tornò a casa dopo il servizio militare in Marina si pose il problema del posto di lavoro. Non ci mise molto a decidere, anche perché non avrebbe potuto aspettare tanto tempo in quanto c'era bisogno che si mettesse a lavorare anche lui. E così fu assunto in uno dei ventuno istituti di vigilanza che attualmente operano a Napoli e provincia. "Mi resi subito conto - dice Alfredo Delli Santi - di che cosa si trattava. Sapevo che non c'era da scherzare. La scelta l'avevo fatta e quel lavoro me lo dovevo tenere pur sapendo dei rischi a cui andavo incontro. In questo mestiere di *guardia giurata* non si scherza". L'agente privato rischia la vita alla stessa maniera di un poliziotto o un carabiniere: ma forse di più. La notte, quando è solo a bordo di una motoretta o è fermo sulla macchina, è spesso costretto ad affrontare bande di ladri e rapinatori.
Ad Alfredo Delli Santi, appena assunto all'Ancr, capitò di *imbattersi* in una dozzina di fuorilegge che stavano *svaligiando* il cinema Maximum. Entrò nel locale. I dodici gli balzarono addosso. Ma Delli Santi che aveva frequentato le palestre di lotta libera non gli diede spazio. *Menò* le mani e ne prese uno. Poi quello gli *sfuggì* e gli *sparò* anche contro, ma senza colpirlo.

guardia giurata:	guardia che presta servizio per conto di privati e non nei corpi di polizia (carabinieri, polizia di stato, guardia di finanza).
imbattersi:	incontrare per caso.
svaligiando:	(svaligiare) rubare da un luogo denaro, gioielli.
menò:	(menare) picchiare.
sfuggì:	(sfuggire) riuscire a sottrarsi a qualcuno, ad allontanarsi senza essere presi.
sparò:	(sparare) tirare con un'arma, una pistola, un fucile.
armatore:	che allestisce, prepara, navi proprie o di altri.
ben di Dio:	abbondanza.
naviga:	(navigare) viaggiare per mare.
campare:	cercare di vivere alla meglio. La costruzione corretta della frase del brano è: *cercare di far campare la famiglia*.

La pesca

(di Gianni Migliorino da: *Il Corriere della sera Illustrato*, 21 ottobre 1978)

A Mazara (un comune siciliano) ci sono cinquemila uomini che lavorano giorno e notte. Ricordo cosa mi aveva detto un *armatore* pochi giorni prima della partenza, seduti ad un tavolino di caffè nella piazzetta principale, il cosiddetto "salotto di Mazara": "Questa è una città ricca, ogni quaranta giorni un marinaio semplice si porta a casa un milione e settecentomila lire. Qui non c'è emigrazione, il pescatore si fa due macchine, tanti si stanno facendo il villino, in casa c'è ogni *ben di Dio*". Per questo dunque si ammazzano di lavoro giorno e notte?
Fra una uscita e l'altra (che chiamano trasbordo) c'è solo un giorno e mezzo di sosta. Ogni quattro o cinque trasbordi c'è la sosta: quattro o cinque giorni, qualche volta una settimana. In questo tempo devono dormire, riposare, conoscere la ragazza, sposarsi, fare l'amore con la moglie, stare con i figli, vedere i parenti e tutto il resto. Così dalla età di quattordici, quindici anni, fino a sessanta, se la salute aiuta.
Un esempio: Pasquale Mulone, 20 anni, *naviga* già da sei. Suo padre è stato pescatore per 32 anni e si è dovuto ritirare per malattia. Quanto prende di pensione? "Ogni due mesi ottantamila lire - risponde Pasquale- ero il più grande dei maschi, sono venuto al mare per *campare* la famiglia, a Mazara altro lavoro non c'è".

MA IL LAVORO DÀ LA FELICITÀ?

(da: *La guida per chi lavora*, 16/12/89)

"Quando quelli che cantano oggi avranno smesso di lavorare, il nostro mestiere sarà sparito. Non esistono nuove leve", dice il decano Giorgio Schottler.

Gli ultimi posteggiatori

(di Vittorio Paoletti da: *Il Mattino Illustrato*, 23 settembre 1978)

I posteggiatori, quei tipici cantanti e suonatori *ambulanti*, vestiti *impeccabilmente* di scuro, che *allietano* nei ristoranti i pasti degli *avventori*, sono rimasti in pochi, non più di una decina: quelli, di loro, che sono riusciti a trovare un qualsiasi impiego fisso, hanno *deposto* chitarre, mandolini e violini e, se cantano, lo fanno solo al mattino, mentre si radono.

"Nella nostra categoria non esistono praticamente nuove *leve*" mi dice Giorgio Schottler, "e perciò quando quelli che attualmente sono in servizio avranno smesso di lavorare, a Napoli, non vi saranno più posteggiatori".

Spesso mal *tollerati* dai proprietari dei ristoranti, che salvo rarissimi casi rifiutano di prendere impegni precisi, i *superstiti* posteggiatori vengono considerati con simpatia soprattutto dai forestieri: del resto solo tramite la voce e gli strumenti dei suonatori ambulanti è ancora possibile, a Napoli, ascoltare vecchie canzoni. Il fatto che essi, tra una canzone e l'altra, facciano il giro dei tavolini per raccogliere, con un piattino, le offerte degli avventori, non li ha fatti mai scendere al livello di *questuanti*. Dopotutto il loro albo d'oro si fregia di un nome celebre in tutto il mondo: quello di Enrico Caruso. L'uomo che viene giustamente *ritenuto* il più famoso tenore di tutti i tempi, ebbe da ragazzo esperienze di posteggiatore.

Grossi e dannati

(di Gualtiero Strano da: *Epoca,* n. 1744, 9 marzo 1989)

"Quando infiliamo la chiave nel cruscotto e accendiamo il motore non conta più nulla", dice Flavio Soffiati, 55 anni, 27 passati sui camion. "Dimentichiamo i nostri problemi, ci siamo soltanto noi e i Tir e la strada davanti da percorrere più in fretta che si può". È gente sola che nelle interminabili notti di guida verso i mercati di Amburgo o le fabbriche della periferia di Londra, ha come unica compagnia la sigaretta e la radio che cambia lingua ad ogni controllo doganale. La casa è un monolocale due metri per due marca Volvo, Renault, Fiat o Scania, che è forse il più comodo. C'è l'uso della branda e del fornelletto per cucinare. In dispensa ci sono le bottiglie di vino (non troppe; i finanzieri sono molto severi) che la moglie ha giudiziosamente avvolto nei giornali, un paio di chili di spaghetti e un barattolo di conserva di pomodori. Pochi vanno al ristorante, i più preferiscono cucinare in qualche piazzola di sosta dell'autostrada.

Le amicizie, a volte, nascono o si consolidano sulle onde dei "baracchini", le radio ricetrasmittenti che molti camion hanno installate a bordo. Ci si segnala le condizioni delle autostrade (in gergo "grande carrettiera"), la presenza della nebbia ("fumo"), il tipo di camion ("barra mobile pesante"), le soste al bar ("ricarico delle batterie"). Un capitolo a parte è dedicato alla polizia ("luci blu", "cugini di campagna", "macchie d'olio", "puffi" per via del colore della divisa, mentre in Francia, dove sono nere, il nome cambia in "avvoltoi").

"Ma io tra un anno al massimo finisco, mollo tutto. Voglio aprire a Cesena una palestra di culturismo.

Ho moglie e due figli e l'ultima volta che sono andato a casa è stato due settimane fa. Per due ore, dalle due alle quattro del mattino, il tempo di buttare un po' di biancheria nuova in una valigia e ripartire. In cucina ho trovato una torta con un biglietto: gli auguri per il mio compleanno: avevo compiuto gli anni una settimana prima e neanche me ne ero ricordato. Qui se non smetto mi ammalo sul serio".

Un uomo-macchina. Meglio: un "uomo camion", come canta Paolo Conte in una sua poesia. Sempre più in fretta e sempre più soli. Per conquistare nuovi mercati, per non perderne altri, oppure più semplicemente per non essere licenziati. Ma com'era la vita del camionista prima dei mostri da 17.000 di cilindrata, quando le autostrade non c'erano ancora? Flavio Soffiati, di Villafranca in provincia di Verona, porta il Tir dal 1956. Fu il primo ad accettare di viaggiare da solo ("Non avevo scelta: o viaggiavo solo o venivo licenziato") e per questo fu odiato dagli altri camionisti. "Portavo la legna da Verona a Napoli e ritornavo con uva", racconta. "Tra andare e tornare ci impiegavo una settimana, adesso nello stesso tempo si fanno due viaggi e mezzo. Io questo lavoro l'ho fatto con passione, ma oggi è troppo cambiato e non vedo l'ora di andarmene in pensione. Ai miei tempi ci si fermava in trattoria, magari ci scappava pure la partita a scopa. Avevamo camion lenti, le strade erano sì strette ma deserte. Non c'era concorrenza e ti potevi fermare a dormire senza la paura che qualcuno arrivasse prima a portarti via l'affare. Oggi sotto il sedere ho un'astronave, mica un camion".

INCOLLA QUI I TUOI RITAGLI DI GIORNALE

PARTE QUARTA

TEMPO LIBERO

La televisione: *Il piccolo schermo invecchia*
Multimedialità
In diretta su Rai Uno: TOSCA di Puccini

L'Italia
in musica: *Conservatori di musica*
Le professioni della musica
Il melodramma
I cantautori
La mappa dei cantautori

Il cinema: *Il cinema e il suo doppio*
Soldati da Oscar. "Mediterraneo"

La lettura: *Ogni giorno in prima pagina*
Perché legge?
L'itinerario umano e letterario di Calvino

Lo sport: *"Bartali" di Paolo Conte*
Sport per principianti
Le regole del gioco, il Tennis
pagina 128-129

LA TELEVISIONE

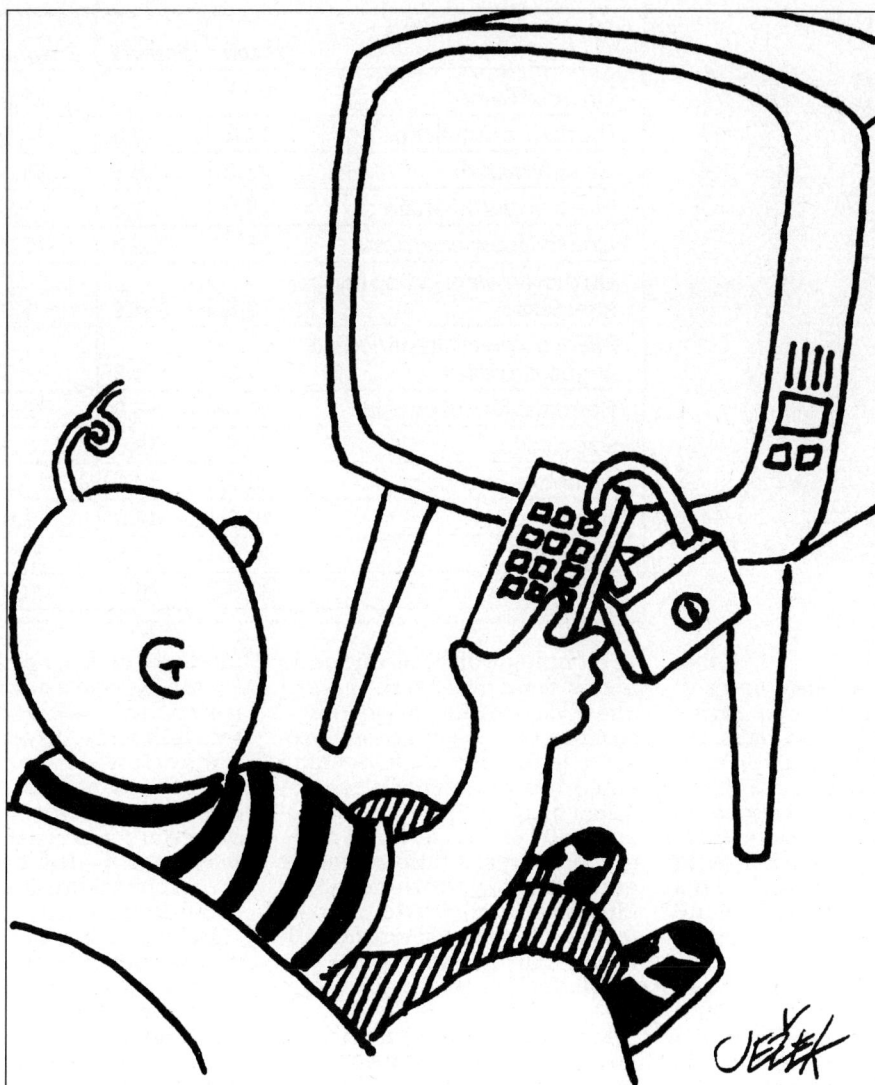

(da: *La Repubblica*, 1992)

Il piccolo schermo invecchia

Arretra la lettura dei quotidiani. I legami fra reddito e richiesta di informazioni

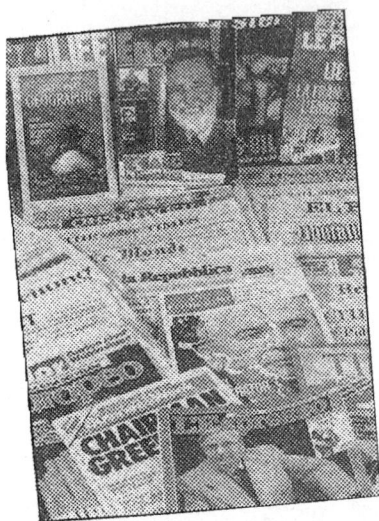

Cosa leggono gli italiani

Presenza e utilizzazione di mezzi/strumenti di informazione per paese (% sul totale degli intervistati)

	Italia	Francia	Spagna	Totale
Un quotidiano	56,2	41,0	63,9	53,8
Più di un quotidiano	13,4	8,6	14,6	12,3
Un settimanale	45,2	39,5	31,6	39,2
Più di un settimanale	25,0	22,3	11,5	20,0
Una rivista specializzata	26,9	26,9	13,3	22,7
Un giornale/periodico lingua straniera	2,5	4,9	1,9	3,1
Più di un giornale/periodico lingua straniera	1,5	1,3	1,3	1,4
Romanzi/libri di poesia	41,6	65,0	35,3	46,9
Saggistica	25,3	18,0	13,6	19,5
Fumetti	25,5	43,6	17,8	28,8
Gialli	19,2	44,9	15,6	26,1
Radio	90,1	97,1	85,9	91,0
Televisione	97,5	96,9	96,9	97,1

Roma

IL villaggio globale entra di prepotenza in un'indagine del Censis. Partendo dalla cosiddetta teoria di Douglas/Isherwood, secondo cui è necessario giungere ad una nuova definizione e comprensione della povertà per misurarla non tanto in base alle cose possedute ma alla possibilità di accedere all'informazione e di diffondere le proprie idee, l'indagine sui consumi nel triangolo Italia-Francia-Spagna rileva che in questo senso la «ricchezza» di tutti i paesi interessati sta aumentando. Si pubblica e si legge di più, insomma. C'è naturalmente anche un nesso diretto fra ricchezza, quella finanziaria, e domanda di informazione e istruzione, se non altro perchè con più mezzi è più facile accedere alle nuove tecnologie di diffusione delle idee e delle immagini: si pensi alla tv via satellite o al videoregistratore (che è comunque presente in un terzo delle famiglie con un sorprendente picco del 43 per cento in Spagna). Sull'accesso alle più moderne tecnologie comunque influisce anche il grado di scolarizzazione, per la curiosità intellettuale che determina, e questo si ricava facilmente dai dati scorporati per classi di età, istruzione e reddito.

Ma dove il fattore istruzione è davvero determinante è nel consumo di giornali, riviste soprattutto specializzate e persino libri: in Italia questi ultimi sono letti dal 55 per cento dei laureati e dal 29 per cento di chi ha solo un diploma di scuola dell'obbligo. E le percentuali non sono molto diverse per gli altri paesi. Presso la popolazione a più alta istruzione tende a decrescere sensibilmente il «consumo» di radio e televisione, «il che fa ipotizzare – conclude il Censis – che solo i più colti siano in grado di sottrarsi alla fascinazione dei mass-media». Nel frattempo la tv esercita molto più carisma sugli anziani che sui giovani.

Dall'indagine del Censis emerge comunque che poco più della metà degli italiani legge abitualmente un quotidiano, ed è umiliante il confronto con la Spagna dove questa quota è di quasi il 64%. E' oltretutto una cifra in diminuzione rispetto all'87, quando ci si avvicinava al 55 per cento, e scarsa consolazione offre il marginale aumento dei lettori dei periodici o delle riviste specializzate.

Multimedialità

(Pubblicità *Fininvest*)

Presente da circa quindici anni nel panorama delle comunicazioni di massa, il Gruppo Fininvest è oggi la prima impresa multimediale d'Italia ed una delle realtà più influenti nello scenario internazionale.
Il Gruppo Fininvest esordisce nel mondo della comunicazione nel 1975, con una piccola emittente Tv via-cavo, destinata ai residenti di Milano Due.
Oggi - a meno di vent'anni da quel timido esordio - il Gruppo ha interessi che spaziano dalla televisione alla musica, dal teatro all'home-video, dall'editoria al cinema, dalla pubblicità alle arti grafiche.
Il giro d'affari creato dalle attività multimediali colloca il Gruppo Fininvest in posizione di leadership nell'orizzonte nazionale.
Ed in ambito internazionale, mette il Gruppo Fininvest in condizione di elaborare strategie competitive alla pari con le più affermate compagnie multimediali del mondo.

Televisione

Tre network a diffusione nazionale.
Tre telegiornali, per un totale di undici edizioni giornaliere.
Venticinquemila ore di programmazione nel 1991, oltre un terzo autoprodotte.
Diciotto studi di produzione nei centri di Milano e Roma.
Milleseicento postazioni televisive e migliaia di ripetitori diffusi sul territorio nazionale.
Un ampio utilizzo di linee via-satellite per la distribuzione del segnale.
Risorse umane e tecnologiche coordinate in un costante sforzo innovativo.
Investimento in sintonia con l'evoluzione del settore televisivo europeo, per una televisione aperta all'Europa: dei cittadini e delle imprese.

In diretta su Rai Uno:Tosca di Puccini

(da: *Il Venerdì di Repubblica*, 10/7/92)

Altre notizie sulla *Tosca*, andata in diretta ieri e stamane alle cinque e in programma tutta insieme ancora stasera alle 20.30 su RaiUno. Una domanda ovvia è dove fosse piazzata l'orchestra di Zubin Metha mentre i cantanti cantavano a Sant'Andrea della Valle o a palazzo Farnese o a Castel Sant'Angelo. La risposta è: in Via Asiago 10, sede della Rai, sala A. Come facevano allora i cantanti a "entrare al momento giusto?" Semplice: guardavano su tre monitor nascosti nella scenografia i movimenti del direttore. E il direttore come faceva a vederli? Aveva pure lui tre monitor a disposizione mentre con un occhio seguiva gli orchestrali, con l'altro guardava sui suoi schermi la scena. Sì, ma i monitor dei cantanti non avranno mica potuto trasmettere anche la musica! No, infatti: i cantanti avevano microscopici auricolari e microfoni nascosti nei capelli. I suoni degli uni e dell'altra (orchestra) venivano convogliati e mixati (mischiati) dalla regia in modo da farne un tutt'uno e mandarli in tutto il mondo. Oh, stiamo scrivendo col solito anticipo, non abbiamo la minima idea se l'operazione sia riuscita o no. Ma, naturalmente, pensiamo di sì, speriamo di sì.
Come è chiaro, la Callas, miope com'era, non avrebbe mai potuto partecipare a un'impresa simile. In una *Tosca* famosa, nella scena con Tito Gobbi che faceva Scarpìa, non vide che il pubblico era tutto in piedi perché per sbaglio il crudele poliziotto le aveva con una candela incendiato i capelli. Figurarsi seguire sul monitor il direttore! E del resto come potrebbe Tosca portare gli occhiali?
Ma tornando al megaevento di questo week-end bisognerà ancora dire che Patroni Griffi ha annunciato l'intenzione di non indugiare sui monumenti, di non descriverli, in modo da evitare un risultato troppo smaccatamente turistico, buono per i giapponesi. I monumenti, perciò, resteranno sullo sfondo, illuminati dalle varie luci del giorno, della sera e dell'alba. Tutti dicono: che occasione per Vittorio Storaro (che cura la fotografia!) Chiedo con ansia: e se piove? Oh, ma tutto questo parlar alla fine è vano: se state davvero leggendo queste righe di domenica e non di venerdì, avrete magari già visto di che si tratta e non vedete l'ora di sapere che ne pensa Zurletti. Chiedo a mia volta però: in una Tosca così, con i microfoni nei capelli, hanno ancora importanza le idee del critico musicale?

Tosca è andata in onda, tutto è andato bene, fatta eccezione per una caduta in diretta di Placido Domingo.

L'ITALIA IN MUSICA

ENTE NAZIONALE ITALIANO PER IL TURISMO

CALENDARIO AVVENIMENTI MUSICALI

Conservatori di musica

(da: *Il Salvagente* (L'Unità), 25/2/89)

Sono scuole a numero chiuso, vi si accede mediante un esame nel quale l'allievo deve mostrare la sua attitudine per la musica.

La frequenza ai conservatori di musica è limitata in genere ad un paio di giorni alla settimana. Questo consente al ragazzo o alla ragazza l'accesso già durante la scuola media; esistono, anzi, scuole medie annesse ai conservatori di musica. Vi si può comunque accedere al termine della scuola media, sempre tramite esame di ammissione.

Vari sono gli indirizzi di studio. Essi mutano a seconda degli strumenti studiati. La durata del corso per gli strumenti a fiato dura in genere sette anni; per gli altri strumenti dieci anni. Al termine, con un esame, si consegue il diploma con il quale si può accedere ai corsi di perfezionamento delle varie Accademie musicali. Si può anche partecipare a concorsi a carattere musicale. Non si può accedere invece ad altre facoltà universitarie.

Per avere un più ampio raggio di possibilità di impiego ed una formazione culturale generale, molti giovani frequentano contemporaneamente il conservatorio e una scuola media superiore. Questo è possibile proprio perché il conservatorio non richiede una frequenza giornaliera.

In passato questa possibilità non era contemplata, oggi invece si può concordare con il conservatorio anche l'orario. Così, ad esempio, è possibile frequentare la scuola superiore di mattina e, per un paio di giorni alla settimana, frequentare il conservatorio al pomeriggio.

Nelle canzoncine che cantano i bambini all'asilo si impara che le note musicali sono 7: do, re, mi, fa, sol, la, si, questo dovrebbe essere l'alfabeto del linguaggio musicale. In realtà i suoni base non sono 7 bensì 12. Infatti, spiega il maestro Marcello Abbado: "Tra un suono e l'altro emesso dalle 7 note ci sono i 5 semitoni inferiori che portano a 12 i suoni del linguaggio musicale". Quali sono gli altri suoni che costituiscono l'alfabeto musicale? Eccoli: do - do diesis o re bemolle - re - re diesis o mi bemolle - mi - fa - fa diesis o sol bemolle - sol - sol diesis o la bemolle - la - la diesis o si bemolle - si. Questo "alfabeto" però funziona per noi occidentali, perché il codice dei musicisti non è uguale in tutto il mondo, esattamente come avviene per la scrittura.

Disposizione di una moderna orchestra sinfonica

(da: N. Zanini, *L'educazione musicale,* La didattica, Bologna, 1979)

Primo gruppo:
(strumenti ad arco)
16 Violini primi
14 Violini secondi
12 Viole
10 Violoncelli
 8 Contrabbassi

Secondo gruppo:
(strumenti a fiato - legni)
1 Ottavino
2 Flauti
2 Oboi
1 Corno Inglese
2 Clarinetti
1 Clarinetto Basso
2 Fagotti
1 Controfagotto

Terzo gruppo:
(strumenti a fiato - ottoni)
4 Corni
3 Trombe
3 Tromboni Tenori
1 Basso Tuba

Quarto gruppo:
(strumenti a percussione)
Timpani (2 o 3)
Batteria (Cassa e Tamburi)
Piatti
Celesta
Xilofono

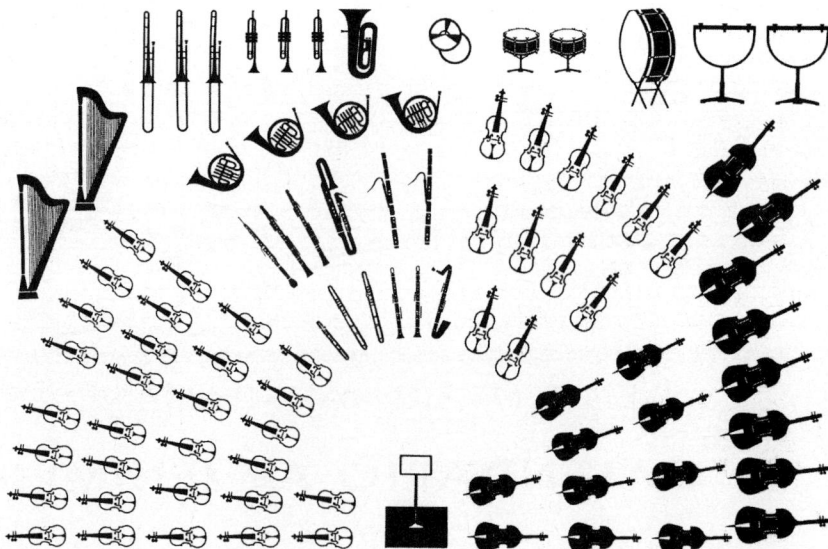

LE PROFESSIONI DELLA MUSICA

(da: *Più Bella*, n. 3, 1991)

La musica è un modo piacevole di trascorrere il tempo, tanto che chi suona per diletto non ha problemi di solitudine e sa come intrattenere gli amici. Ma i giovani che pensano seriamente alla musica, in maniera professionale, che lavoro possono programmare per il loro futuro?

Compositore - Comporre è uno dei lavori più qualificati. Però, oltre all'abilità del musicista, richiede abbondanza di creatività. Si possono comporre concerti di musica leggera, ma anche musiche per film, teatro e TV.

Solista - È il musicista (ma anche il cantante) che in concerto suona una parte scritta per il suo solo strumento, esibendosi singolarmente nonostante la presenza di un'orchestra.
Oppure può esibirsi in un'intera esecuzione da solo. Esempio: il grande Severino Gazzelloni era un solista di flauto.

Esecutore - Ha questo titolo chiunque suoni in un complesso di musica leggera o in un'orchestra da camera, sinfonica, lirica. Queste ultime sono formate da un diverso numero di strumentisti: da un minimo di 40 a 90 e più elementi. Ci sono orchestre famose come quella della Scala o di Santa Cecilia nelle quali è un onore poter suonare.

Insegnante - Il musicista diplomato può insegnare Educazione musicale in tutte le scuole medie di stato, compresi i conservatori. Anche i laureati in lettere con tesi in storia della musica possono insegnare storia della musica nei conservatori, mentre non possono insegnare Educazione musicale nelle scuole medie.
Tale sbocco professionale è concesso invece ai laureati presso la scuola di Paleografia e filologia musicale dell'università di Pavia (che ha sede a Cremona) e presso il Dams di Bologna.

Esperto presso case discografiche - All'interno delle case discografiche si possono svolgere moltissime mansioni: si va dalla scelta dei brani da incidere al controllo sulla qualità delle incisioni.

Musicista presso radio e televisioni - Anche in queste sedi i lavori che riguardano la musica sono parecchi e diversi tra loro: ci sono esecutori che diventano dipendenti fissi nelle orchestre e musicisti che, per esempio, contribuiscono alla scelta dei programmi.

Autori di jingle pubblicitari - Anche in questo settore il musicista è prezioso, per non dire determinante quando riesce a trovare il motivo (jingle) che poi la gente associerà al prodotto.

Altre possibilità - Sono numerose e varie. Per fare solo un esempio, ci sono le attività di intrattenimento richieste dai club turistici e dai locali dove si fa musica leggera.

Celeste Aida
Verdi: Aida

Celeste Aida, forma divina,
Mistico serbo di luce e fior,
Del mio pensiero tu sei regina,
Tu di mia vita sei lo splendor.

Il tuo bel cielo vorrei ridarti,
Le dolci brezze del patrio suol;
Un regal serto sul crin posarti.
Ergerti un trono vicino al sol.

Celeste Aida, forma divina,
Mistico raggio di luce e fior, ...

E lucevan le stelle
Puccini: Tosca

E lucevan le stelle
e olezzava la terra,
stridea l'uscio dell'orto,
e un passo sfiorava la rena,
entrava ella, fragrante,
mi cadea tra le braccia.
Oh! dolci baci, o languide carezze,
mentr'io fremente
le belle forme disciogliea dai veli!
Svanì per sempre il sogno mio d'amore,
l'ora è fuggita, e muoio disperato,
e muoio disperato,
e non ho amato mai tanto la vita,
tanto la vita!
(*Scoppia in singhiozzi
coprendosi il volto colle mani*)

IL MELODRAMMA

ROSSINI (1792-1868)

Rossini rinnova l'opera italiana e ne delinea gli schemi che rimarranno immutati per almeno cinquant'anni. Le sue opere serie saranno un modello fino a Verdi. Le sue opere buffe sono un miracolo insuperato di equilibrio, di vivacità, di gioia, di ironia. Rossini è nato a Pesaro ma è cittadino d'Europa. Venezia, Milano, Napoli sono le sue prime tappe: a Venezia e a Milano vengono rappresentate le sue prime opere, **La cambiale di matrimonio**, **La scala di seta**, **L'italiana in Algeri** e **Tancredi**. A Napoli dal 1815 al 1822 è direttore musicale del teatro San Carlo e di questo periodo sono **Il barbiere di Siviglia** e **Cenerentola**. Nel 1823 si trasferisce a Parigi. A contatto con le tradizioni dell'*opéra-comique* fonde l'eleganza della commedia francese, il suo stile vocale declamato, il suo gusto per lo spettacolo con il lirismo italiano. Frutto di questa unità e di questo equilibrio è il suo ultimo capolavoro il **Guglielmo Tell**. Bologna, Firenze, poi di nuovo ritorno, nel 1855 a Parigi, nella sua villa di Passy frequentata da personaggi come Liszt, Wagner, la famosa cantante Adelina Patti. Le sue ultime composizioni sono due capolavori: lo **Stabat Mater** e la **Petite Messe Solennelle**.

DONIZETTI (1797-1848)

Più di settanta opere, molta musica sacra, diversi pezzi sinfonici, una trentina di cantate: la produzione di Donizetti è sterminata, frutto di serissimi studi e di una capacità professionale che, almeno all'inizio, si rifanno ai grandi modelli europei: Mozart, Haydn, Gluck. Nato a Bergamo, ben affermato in Lombardia, partì alla conquista di Parigi e di Vienna con un bagaglio notevole di esperienze e di successi. Non c'è genere che egli abbia paura di affrontare, non c'è commissione che rifiuti. Gli stessi titoli delle sue opere più famose, **Anna Bolena**, **Lucrezia Borgia**, **L'elisir d'amore**, **Don Pasquale**, **La figlia del reggimento**, **La favorita**, fanno capire come il suo genio spazi dalla commedia giocosa e popolare al dramma a fosche tinte, alla tragedia dove si intrecciano amore e morte. In tanta abbondanza di ispirazione non c'è da meravigliarsi che la qualità sia diseguale e che non tutte le sue opere si prestino a un'esecuzione rigorosa e chiara.

VERDI (1813-1901)

Con la sua musica Verdi diventò il simbolo del Risorgimento, si fece interprete delle esigenze culturali e ideali di massa di un intero secolo. Nato a Roncole di Busseto (Parma) da umile famiglia contadina iniziò a studiare con l'organista della sua parrocchia, ma il primo tentativo di sfondare a Milano, di essere ammesso al conservatorio di quella città, fallì. Dovette continuare a studiare privatamente. Solo nel 1842, dopo un esordio sfortunato, dopo tragedie familiari (la morte di sua moglie e di due figlioli) il primo, grande successo alla Scala: il **Nabucco**. E l'anno dopo, **I Lombardi alla prima crociata**. Due cori di queste due opere, **"va pensiero sull'ali dorate..."** e **"o Signor che dal tetto natio"**, famosissimi ancor oggi, erano allora le bandiere del Risorgimento in ascesa. Dopo il 1849, con il fallimento della prima guerra d'indipendenza, Verdi pare ripiegarsi sui sentimenti interiori, sul tema dell'eroe (o, dell'eroina) sfortunato, che solo attraverso il dolore e il sacrificio silenzioso afferma se stesso e la sua umanità. È la celebre trilogia di **Rigoletto**, **Il trovatore** e la **Traviata**, composta fra il 1850 e il 1853. È il successo pieno, incontrastato, al quale segue un periodo di meditazione, di approfondimento, di ricerca tormentata e rivolta a un campo più vasto, il campo europeo dove già si affermava Wagner. Ma anche Verdi è più attento alla Francia dove dominava il genere della *grand-opéra*, l'opera gigantesca, con grandi scene di massa. Nascono così i **Vespri siciliani** che ha la struttura di un *grand-opéra*, ed elementi di questa tradizione vengono integrati nella tradizione italiana, con **Un ballo in maschera**, **La forza del destino**, la versione francese del **Macbeth**, **Don Carlos**, l'**Aida** con la quale si inaugura il nuovo teatro del Cairo per festeggiare l'apertura del Canale di Suez. In tutte queste opere, come nella **Messa da Requiem**, scritta per la morte di Alessandro Manzoni, hanno al loro centro i drammi umani. Nel 1874, dimostrando di sapersi rinnovare profondamente, compone **Otello**: una compenetrazione fra canto e orchestra tipicamente verdiana. Nel 1883, infine, scrive la stupefacente opera comica **Falstaff**: una comicità amara piena di malinconia e venata di pessimismo, lo sguardo distaccato di un grande ottantenne sul dramma della vita.

PUCCINI (1858-1924)

Puccini sa utilizzare la grande tradizione del passato e sa cogliere ogni accento di novità presente nella musica del suo tempo. Cura fino al minimo dettaglio i libretti delle sue opere, scegliendo attentamente i soggetti. Rifiuta di collaborare con Gabriele D'Annunzio di cui non sopporta l'enfasi e la retorica. Da **Manon Lescaut** a **Turandot** protagoniste delle sue opere sono figure femminili vittime del loro amore sfortunato. Dopo tribolati inizi a Milano, colse il primo successo a Torino con la **Manon Lescaut** (1893). Tre anni più tardi, fu la volta della **Bohème**, diretta da Toscanini. Il 1900 è l'anno della **Tosca**. Un fiasco fu la prima della **Madama Butterfly** a Milano (1904), ma qualche anno dopo al Metropolitan di New York quest'opera ottenne un trionfo. Sempre a New York Toscanini diresse la **Fanciulla del West** nel 1910. Negli Stati Uniti Puccini doveva cogliere i suoi più grandi successi: è il caso del **Trittico**, formato da tre atti unici: **Il tabarro**, **Suor Angelica** e **Gianni Schicchi** (1918). Puccini morì di tumore alla gola: il rapido precipitare del male gli impedì di completare la **Turandot**, una delle sue rare opere a lieto fine. La partitura fu ultimata da Franco Alfano e messa in scena alla Scala di Milano nel 1926 sotto la direzione di Toscanini.

(da: Bernardino Fantini, *Come farsi una discoteca*, Editori Riuniti, 1982)

I CANTAUTORI

Per la canzone d'autore è un momento magico. In cima alle classifiche svettano Dalla, Guccini, De Gregori e Zucchero e il made in Italy trionfa.

Arrivano i nostri
di Vincenzo Cerami

(da: *PIÙ*, supplemento del Messaggero, 25 gennaio 1991)

I poeti della canzone italiana, i cosiddetti cantautori, stanno conoscendo la loro seconda, grande stagione. Oggi, per la prima volta, battono nelle classifiche dei dischi più venduti gli intramontabili americani. L'ultima raccolta di Lucio Dalla ha già superato il milione di copie vendute. Ma lassù in cima si arrampicano con crescente slancio anche le ultime opere di Paolo Conte, di Claudio Baglioni, di Lucio Battisti e di tanti altri.

Un tempo gli ammiratori dei cantautori si sentivano degli intenditori, adesso il cantautore si è massificato e piace a tutti. Questo fenomeno nuovo che vede i cantautori in vetta alle classifiche di vendita, cancella la divisione tra autore e cantautore, tra la canzone "normale" e la canzone d'autore.

In verità esistono canzoni belle e canzoni brutte, cantate bene e cantate male. Il fatto è che da qualche decennio i cantanti facciano anche gli autori e gli autori si mettano anche a cantare è il segno di una profonda trasformazione tecnologica in fase di registrazione.

C'è da dire anche che i cantautori, dopo un lungo periodo di imitazione degli americani e della *chanson*, da qualche tempo hanno cominciato a trovare un'identità più vicina al senso comune.

Un altro problema ha ostacolato la marcia della nuova canzone: la questione nazionale della lingua. Coniugare la lingua italiana con la buona musica, trovare un testo poetico alto e coerente per i nuovi suoni, rappresenta la linea di demarcazione tra i grandi autori e i bravi autori.

GLI ALBUM PIÙ IMPORTANTI:

GINO PAOLI, '89 DAL VIVO - **ENZO JANNACCI,** 30 ANNI SENZA ANDARE FUORI TEMPO - **LUCIO BATTISTI,** IL MIO CANTO LIBERO - **FRANCESCO GUCCINI,** FRA LA VIA EMILIA E IL WEST - **GIORGIO GABER,** FAR FINTA DI ESSERE SANI - **LUCIO DALLA,** DALLAMERICARUSO - **ANTONELLO VENDITTI,** CIRCO MASSIMO - **PINO DANIELE,** SCIÒ - **PAOLO CONTE,** AGUAPLANO - **FRANCESCO DE GREGORI,** TITANIC - **FABRIZIO DE ANDRÈ,** CONCERTI - **GIANNA NANNINI,** TUTTO LIVE - **CLAUDIO BAGLIONI,** ALÈ OO' - **FRANCO BATTIATO,** FISIOGNOMICA - **IVANO FOSSATI,** LA PIANTA DEL TÈ.

L'erba del vicino non è sempre più verde

La mappa dei cantautori

I nomi stranieri registrano insuccessi mentre la musica "made in Italy" vive un momento d'oro

Le culle della canzone italiana di qualità: Genova, Roma, Napoli, Milano e l'Emilia sono i luoghi più fertili

PUGLIA — DOMENICO MODUGNO

BASILICATA — BIANCO

SICILIA — FRANCO BATTIATO

NAPOLI — RENATO CAROSONE, PINO DANIELE, EUGENIO BENNATO, ENZO AVITABILE, ENZO GRAGNANIELLO, TERESA DE SIO

ROMA — ANTONELLO VENDITTI, LUCIO BATTISTI, FRANCO CALIFANO, CLAUDIO BAGLIONI, RENATO ZERO, ALFREDO RINCHI, EROS RAMAZZOTTI, FRANCESCO DE GREGORI, EDOARDO BENNATO, EDOARDO DE ANGELIS, GIANNA NANNINI, PIERO CIAMPI

TOSCANA — RON, LUCA CARBONI, PIERANGELO BERTOLI

EMILIA — FRANCESCO GUCCINI, VASCO ROSSI, ZUCCHERO

MILANO — ROBERTO VECCHIONI, ENZO JANNACCI, FABIO CONCATO, RICKY GIANCO, GIORGIO GABER, ENRICO RUGGERI

PIEMONTE — PAOLO CONTE

VENETO — SERGIO ENDRIGO, PINO DONAGGIO

FRIULI — GINO PAOLI, UMBERTO BINDI, LUIGI TENCO, BRUNO LAUZI, FABRIZIO DE ANDRÉ, IVANO FOSSATI, FRANCESCO BACCINI

GENOVA

Dente di Lilly

VENDITTI FA USCIRE "LILLY"!

Lillylillilly quattro buchi nella pelle...

Antonello Venditti in una riuscita caricatura di Massimo Cavezzali.

Il grande Cinema
Una prestigiosa cineteca d'autore

I film, i registi, gli autori, gli attori
che hanno fatto grande il cinema di tutti i tempi

MONDADORI
VIDEO

Il cinema e il suo doppio

di Uliana Di Palma da: *Noi donne*, 1 novembre 1981

La tecnica

Per sapere qualcosa di preciso sulla tecnica del *doppiaggio*, mi rivolgo al signor Tinebra, dirigente della Fonoroma.

Quando c'è un film da doppiare, il proprietario o la casa di produzione scelgono la cooperativa e lo stabilimento in cui effettuare il doppiaggio. Lo stabilimento *mette a disposizione* le sue sale di registrazione e trova un accordo sui tempi con la cooperativa.

Risolti questi *preliminari*, il film con la sua traduzione letterale viene passato in moviola e adattato secondo il dialogo italiano. Film e adattamento vengono consegnati all'assistente di doppiaggio e al direttore della cooperativa. L'assistente ha anche il compito di tagliare materialmente la pellicola in circa 150-200 pezzetti, chiamati anelli, sui quali segna il personaggio e il doppiatore scelto dal direttore. Gli anelli vengono doppiati uno per uno e, terminato il doppiaggio, ricuciti per formare le colonne del dialogo che ritornano in moviola per essere *sincronizzate* perfettamente.

Quando il film è straniero, a fianco alle colonne dialogo c'è la colonna internazionale fatta di musica ed effetti che logicamente vale per qualsiasi paese. Di queste due colonne riunite e *missate* si fa il negativo suono, cioè la fotografia del suono che viene inviato alla casa di stampa che ha il negativo scena. Stampando i due negativi abbiamo il risultato finale: suono e scena. Il tempo per un doppiaggio va da un minimo di tre giorni a un massimo di dieci.

Intervista

"Sai quando il doppiaggio italiano è diventato una vera e propria industria d'appoggio alla nostra cinematografica? Con il neorealismo. De Sica, Rossellini e poi Fellini hanno spesso lavorato senza sceneggiatura, con attori presi dalla strada, eliminando la presa diretta e facendo recitare agli improvvisati interpreti filastrocche, numeri, qualsiasi cosa, insomma, che facesse muover loro le labbra. Tutto il resto, sincronizzazione – cioè eliminazione di rumori o fruscii non pertinenti - e dialogo avvenivano in sala doppiaggio, con voci di professionisti". Annabella Cerliani, direttrice della Sas, una cooperativa di doppiatori – ce ne sono una decina – di queste cose se ne intende.

Il valore di questo lavoro – parliamo di valore culturale – è ancora in discussione. Per alcuni critici è un sovrappiù: la maturità culturale di uno spettatore si manifesta davanti a un film in lingua originale, dicono.

C'è, invece, chi riconosce l'altissimo livello professionale che fa del doppiaggio italiano uno dei migliori del mondo: con la conseguente possibilità, per gli spettatori, di gustare - di un film - non solo l'immagine, ma anche il dialogo: a patto che la traduzione sia adeguata, naturalmente.

Ma come si diventa doppiatori e con che criterio si sceglie un doppiatore piuttosto che un altro? Rispondere alla prima domanda è difficile. Non esistono scuole di doppiaggio. Spesso si comincia per caso, da piccoli, e poi si continua; oppure vi si giunge per altre vie: un po' di cinema, teatro, accademia. E i provini davanti al direttore di doppiaggio – di solito anch'egli doppiatore – che stabilisce se la voce "si presta" e l'attore cui potrebbe essere abbinata.

Non sempre è necessaria la somiglianza tra la voce dell'attore e quella del suo "doppio" (la voce di Marlon Brando è acuta e di testa, quella di Giuseppe Rinaldi, il suo doppiatore, è calda e robusta).

Secondo Giuseppe Rinaldi, il vero doppiatore non è chi si impadronisce del personaggio e lo inserisce nei propri schemi, ma chi si immette nel ruolo annullando momentaneamente se stesso.

Dice Rita Savagnone - direttrice di doppiaggio e voce di Glenda Jackson, Liza Minelli, Cheryl Ladd e altre attrici straniere: "Ricostruire il binomio voce-volto dinanzi a un leggio, in una buia sala di registrazione è, per un doppiatore, compito tutt'altro che facile. Oltre al lavoro strettamente tecnico, calarsi in un personaggio, interpretarne le emozioni, ripetere le battute fino a raggiungere una completa fusione con il movimento delle labbra dell'attore che agisce sullo schermo, richiede impegno e concentrazione notevoli".

doppiaggio:	la creazione di una nuova colonna sonora (in lingua italiana) per un film in lingua straniera.
mette a disposizione:	(mettere a disposizione) dare a qualcuno la possibilità di usare qualcosa come fosse sua.
preliminari:	(preliminare) momento o parte iniziale di qualcosa.
sincronizzate :	(sincronizzare) abbinare, mettere insieme le immagini e i suoni di un film.
missate:	(missare) fare il missaggio, mettere su un unico nastro, i rumori, i suoni, i dialoghi di un film.

SOLDATI DA OSCAR
"MEDITERRANEO" di Gabriele Salvatores
(da: *CIAK*, 1992)

Con questa pellicola Gabriele Salvatores ha concluso la sua ideale trilogia dedicata al viaggio, che aveva iniziato con MARRAKECH EXPRESS e proseguito con TURNÈ. Dedicato "a tutti coloro che fuggono", MEDITERRANEO si apre infatti con una citazione "dall'Elogio della fuga" dell'etologo Henri Laborit: quella a cui fa riferimento il regista milanese non è però una fuga vile, una scappatoia, ma bensì una scelta di vita, un rifiuto a rendersi complici di una società cinica e disumana. Contrariamente alle sue abitudini, in questo caso Salvatores ha fatto ricorso alla metafora per parlare, ancora una volta, dei problemi, delle illusioni e delle delusioni della generazione che oggi è sui quarant'anni: una generazione che ha tentato di cambiare la società ma che è stata sconfitta e che non vuole, però, rendersi complice dei vincitori e sceglie, quindi, di fuggire. Scritto e sceneggiato da Enzo Monteleone, MEDITERRANEO è ambientato nel 1941, durante la seconda guerra mondiale, e racconta la vicenda di otto soldati italiani che vengono mandati a presidiare una sperduta isoletta del mar Egeo.

Una volta giunti a destinazione, però, cominciano i guai: la nave che li ha accompagnati fin lì viene affondata e la sola radio di cui sono dotati ben presto va fuori uso. Tagliati fuori dal mondo, gli otto "guerrieri" cercano di inserirsi nella vita della piccola comunità locale, dapprima diffidente ma poi più disponibile. Il tempo passa e nessuno se ne accorge: il tenente umanista affresca la chiesetta locale, due fratelli alpini si "dividono" una pastorella, l'attendente sposa la prostituta locale. Un bel giorno arriva un piccolo aereo italiano e avverte che si è nel 1943, Mussolini è caduto e gli inglesi sono diventati alleati: e quando arriva una loro nave a recuperare i nostri eroi, si pone il dilemma: tornare in patria a continuare la guerra, a ricostruire il paese o scegliere di rimanere nella terra dei sogni, e quindi fuggire la realtà? Qualcuno sceglie la seconda ipotesi: un sognatore? Un codardo? Un disimpegnato? Ognuno può scegliere la propria risposta: l'importante è che a Salvatores non sfugga l'Oscar.

P.S. Mediterraneo ha vinto l'Oscar come migliore film straniero nel 1992.

Marco Balbi

Mediterraneo
Regia: Gabriele Salvatores.
Interpreti: Diego Abatantuono, Giuseppe Cederna, Claudio Bigagli, Claudio Bisio. Produzione: Italia, 1990. Distribuzione: Penta Video (02) 21628728. Durata: 104' - colore. Per il noleggio.

Il soggetto: siamo nel 1941. Un gruppo di otto soldati italiani viene mandato a presidiare una sperduta isoletta nel Mar Egeo. Ma la radio presto si rompe e la nave che li ha portati fin lì viene affondata. Poco male: anche se tagliati fuori dal mondo, gli otto fraternizzano con i locali. Senza che nessuno se ne accorga arriva il 1943: quando gli inglesi vengono a recuperarli, qualcuno sceglie di tornare in patria a «ricostruire», e qualcun altro preferisce rimanere nel suo paradiso.
La sequenza da ricordare: il matrimonio e la partita di pallone (tipica dei film di Salvatores) con l'arrivo del piccolo aereo.
Da vedere perché: interpretato da un gruppo di attori affiatati, è una metafora sul disagio e sulle delusioni della generazione oggi intorno ai quarant'anni: una pellicola in bilico fra allegria e malinconia con qualche, inevitabile, scivolone nella retorica.

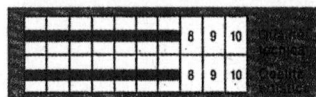

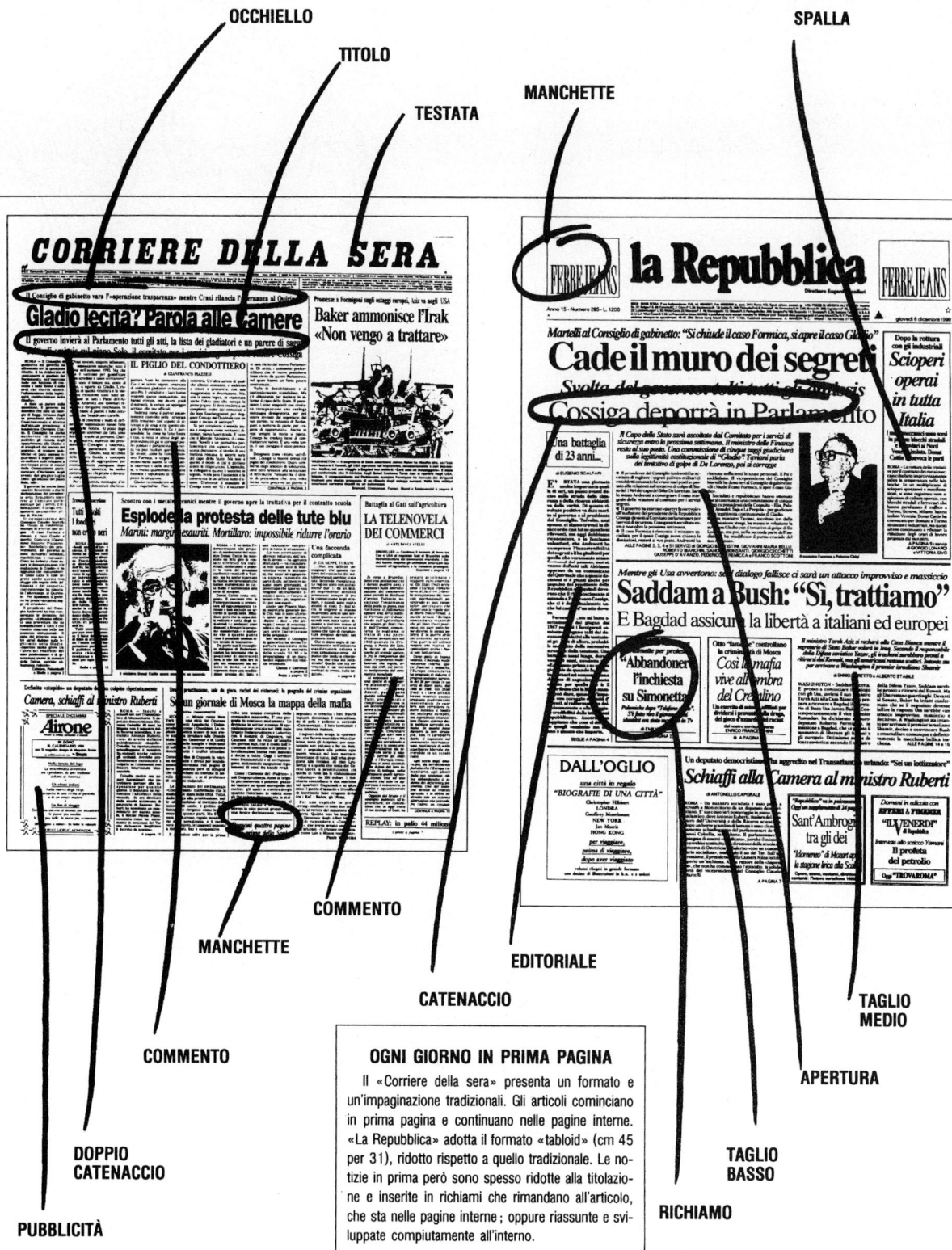

LA LETTURA

OCCHIELLO

TITOLO

TESTATA

MANCHETTE

SPALLA

CORRIERE DELLA SERA

Il Consiglio di gabinetto vara l'operazione trasparenza- mentre Craxi rilancia l'Infornata di Quirico

Gladio Tecna: Parola alle Camere

Il governo invierà al Parlamento tutti gli atti, la lista dei gladiatori e un parere di saggi

Baker ammonisce l'Irak «Non vengo a trattare»

IL PIGLIO DEL CONDOTTIERO

Esplode la protesta delle tute blu

Marini: margini esauriti. Mortillaro: impossibile ridurre l'orario

LA TELENOVELA DEI COMMERCI

Camera, schiaffi al ministro Ruberti

Su un giornale di Mosca la mappa della mafia

Airone

REPLAY: in palio 44 milioni

la Repubblica

FERREJEANS

FERREJEANS

Martelli al Consiglio di gabinetto: "Si chiude il caso Formica, si apre il caso Gladio"

Cade il muro dei segreti

Svolta del governo: alla luce tutti gli intrighi

Cossiga deporrà in Parlamento

Una battaglia di 23 anni...

Dopo la rottura con gli industriali

Scioperi operai in tutta Italia

Saddam a Bush: "Sì, trattiamo"

E Bagdad assicura la libertà a italiani ed europei

«Abbandoner l'inchiesta su Simonetta

Otto "lune" controllano la criminalità di Mosca

Così la mafia vive all'ombra del Cremlino

DALL'OGLIO

una città in regalo "BIOGRAFIE DI UNA CITTÀ"

Schiaffi alla Camera al ministro Ruberti

Sant'Ambrogio tra gli dei

'IL VENERDÌ' di Repubblica

Il profeta del petrolio

COMMENTO

MANCHETTE

COMMENTO

DOPPIO CATENACCIO

PUBBLICITÀ

EDITORIALE

CATENACCIO

RICHIAMO

TAGLIO BASSO

APERTURA

TAGLIO MEDIO

OGNI GIORNO IN PRIMA PAGINA

Il «Corriere della sera» presenta un formato e un'impaginazione tradizionali. Gli articoli cominciano in prima pagina e continuano nelle pagine interne. «La Repubblica» adotta il formato «tabloid» (cm 45 per 31), ridotto rispetto a quello tradizionale. Le notizie in prima però sono spesso ridotte alla titolazione e inserite in richiami che rimandano all'articolo, che sta nelle pagine interne; oppure riassunte e sviluppate compiutamente all'interno.

Perché legge?

(da: Il *Venerdì* di *Repubblica*, 12/5/1989)

Attenzione alla noia: può essere fatale

PERCHÉ LEGGE?		
	Per studiare	36.1%
	Per aggiornarsi	46.9
	Per divertirsi	56.9
	Per cercare se stesso	31.4
	Per acquietarsi	17.8

SE NON FINISCE IL LIBRO CHE HA INIZIATO A LEGGER
È PERCHÉ:

Non ha più tempo	12.2%
Non le piace, si annoia	58.3
Ha trovato un altro libro, più interessante	13.5
Altri motivi	7.0
Non risponde	9.0

QUESTIONARIO

Dei libri comprati nell'ultimo anno,
quanti ne ha potuti leggere?

❏ NESSUNO
❏ SAGGISTICA
❏ LETTERATURA
❏ ALTRO TIPO

Le capita di comprare un libro più per
possederlo che per leggerlo?

❏ ABBASTANZA SPESSO
❏ QUALCHE VOLTA
❏ QUASI MAI

Di solito lei legge:

❏ IL LIBRO TUTTO INTERO
❏ SOLO ALL'INIZIO E POI SMETTE
❏ SOLO ALCUNE PARTI DEL LIBRO

Le capita di leggere più volte lo
stesso libro?

❏ SPESSO
❏ QUALCHE VOLTA
❏ QUASI MAI

Di solito quando legge?
(anche più risposte)

❏ MATTINA
❏ POMERIGGIO
❏ SERA
❏ NEI WEEK-END
❏ NELLA SETTIMANA
❏ DURANTE LE VACANZE
❏ D'ESTATE

Come legge solitamente?
(anche più risposte)

❏ VELOCEMENTE
❏ LENTAMENTE
❏ SOTTOLINEANDO
❏ PRENDENDO APPUNTI
❏ ASCOLTANDO MUSICA

Come mai tanti libri acquistati vengono abbandonati in casa? L'ipotesi più accreditata, naturalmente, sarebbe quella secondo cui la colpa della disaffezione al libro andrebbe accollata alla solita televisione. È vero? Secondo il direttore dell'Editrice Bibliografica Giuliano Vigini, il maggior esperto di analisi editoriale, non è la televisione a sottrarre tempo alla lettura, ma l'altra carta stampata. I giornali con i loro inserti, le riviste, i *magazines*, provocherebbero una sorta di torpore mentale che, piano piano, si trasforma in "vizio" o, come si potrebbe dire, in handicap.

L'itinerario umano e letterario di Calvino

(da: *Vita Italiana,* n. 4, ott.nov.dic. '87)

ITALO CALVINO
LEZIONI
AMERICANE
Sei proposte per il prossimo millennio

Garzanti

ITALO CALVINO 1923-1985

Già nel suo primo libro - *Il sentiero dei nidi di ragno* (1947) - Calvino aveva messo in evidenza il proprio interesse per una favolosa ed allegorica trasfigurazione del monotono ed uguale scorrere della vita. Ma è per *I nostri antenati* che io credo che Calvino sarà veramente ricordato. Perché è qui, nelle "favole" che contiene, - *Il visconte dimezzato* (1952), *Il barone rampante* (1957) e *Il cavaliere inesistente* (1959) - che viene data ampia, vera risposta alla richiesta di Calvino per una letteratura che "si alimenti di filosofia e di scienza, ma ne sappia anche prendere le distanze, e dissolva, con un solo soffio, non soltanto le astrazioni teoriche, ma anche la apparente concretezza della realtà". *Il barone rampante* racconta del ribelle barone Cosimo Piovasco di Rondò che, stufo delle imposizioni, delle censure e delle regole del padre, si dà - letteralmente - agli alberi, ad una vita cioè sugli alberi, e lì rimarrà, come un "residente arboreo", per tutto il resto della sua vita. Da una parte, dunque, questo è un gioco, stravagante, quasi sfrontato, ma dall'altra è una mediazione filosofica sulla situazione dell'uomo nell'universo regolato dalla legge dei "grandi numeri". Per il modo in cui, in questa prosa, le singole parole si uniscono l'una all'altra, pervenendo a costruire delle storie, Calvino mostra - nell'intero ciclo de *I nostri antenati* - di essere affascinato da un'idea di narrazione pura; e tuttavia egli sapeva bene che una narrativa che non poggiasse sulla concretezza di una storia non ha valore alcuno. Per questo Calvino è stato qualcosa di veramente raro: un innovatore che poteva però essere contemporaneamente letto da chiunque. Non a caso, *Il cavaliere inesistente* è venduto in Italia come un libro per bambini. In verità, chiamare Calvino "innovatore" può ap-

parire fuorviante, se si pensa al peso che nella sua produzione e negli scopi letterari, che egli ha perseguito, ha avuto la favola popolare e il suo recupero. Basti, come riferimento, la pubblicazione delle *Fiabe italiane* (1956), diventato ormai un classico, che ha rappresentato la risposta italiana a quanto avevano fatto nell'800 i fratelli Grimm. Come il suo collega favolista Borges, Calvino credeva che esistesse soltanto la tradizione del nuovo, non il nuovo puro e semplice. Ma, al di sopra di tutto, c'era - per Calvino - Galileo. In uno dei migliori saggi di *Una pietra sopra* Calvino dice quanto amasse cercare particolarmente in Galileo quei passaggi in cui viene descritta la luna: poiché questi possiedono la qualità più alta della grande prosa scientifica, quella di esporre il soggetto più difficile con perfetta chiarezza, insieme derivandone un senso di armonia e di bellezza. Ed era questa, anche, la qualità della prosa di Calvino. Calvino non ha mai scritto una frase brutta. Spiccava, in lui, l'ostinato rifiuto alla tristezza: era uno scrittore marcatamente gioioso, con un che di solare - e non solo sulla carta: fu proprio Calvino a dirmi per primo che il suo cognome significa "il piccolo calvo". Poteva però essere anche freddo, e alcuni dei suoi scritti sono sostanziati da teorizzazioni letterarie. E tuttavia, alla fine della sua parabola vitale, Calvino era troppo scettico per assorbire la teoria letteraria senza un grano di sale, un pizzico di humour: ciò, a differenza degli scrittori francesi a lui per altri versi così simili - pensiamo ad esempio a Robe-Grillet - con i loro progetti, assolutamente privi di umorismo, per una "meta narrativa". Ma se Calvino poteva a volte essere astratto, non era tuttavia staccato dalla realtà. Sotto la prosa raffinatissima de *Le città invisibili* (1972), una specie di guida Michelin, in cui Marco Polo descrive a Kublai Khan le città che ha visitato, c'era l'uomo che un tempo era stato membro del PCI, in verità fino al 1956, quando vide a Budapest i carri armati sovietici e si dimise dal partito. Ricordo quando, finita la mia intervista a Calvino, sua moglie mi chiamò vicino a una porta-finestra: "Guardi, mi disse, guardi il nostro giardino". Mi affacciai: era tutto un'esplosione di bouganvillee in fiore, una fiammata di rosso contro la lucidità calma della notte romana. Sei mesi dopo, il 5 settembre 1985, Calvino morì per una emorragia cerebrale; è troppo presto ancora per giudicar gli effetti della sua prematura scomparsa sul mondo letterario. Nel frattempo, possiamo sperare che Calvino sia andato, come il Barone Cosimo Piovasco di Rondò, a costruirsi un'altra vita sugli alberi.

Jan Thomson
The Indipendent, 9 aprile 1987

(da: *Roma Comune*, giugno 1980)

"BARTALI"

di Paolo CONTE
Ed. RCA Musica - Roma

Farà piacere un bel mazzo di rose
e anche il rumore che farà il cellophane
ma una birra fa gola di più
in questo giorno appiccicoso di caucciù.
Sono seduto in cima a un paracarro
e sto pensando agli affari miei
tra una moto e l'altra c'è un silenzio
che descrivere non saprei.
Oh, quanta strada nei miei sandali
quanta ne avrà fatta Bartali
quel naso triste come una salita
quegli occhi allegri da italiano in gita
e i francesi ci rispettano
che le balle ancora gli girano
e tu mi fai - dobbiamo andare al cine - e vai al cine, vacci tu.
È tutto un complesso di cose
che fa sì che io mi fermi qui
le donne a volte sì sono scontrose
o forse hanno voglia di far la pipì.
E tramonta questo giorno in arancione
e si gonfia di ricordi che non sai
mi piace restar qui sullo stradone
impolverato, se tu vuoi andare, vai...
e vai che io sto qui e aspetto Bartali
scalpitando sui miei sandali
da quella curva spunterà
quel naso triste da italiano allegro
tra i francesi che s'incazzano
e i giornali che svolazzano.
C'è un po' di vento, abbaia la campagna
e c'è una luna in mezzo al blu...
Tra i francesi che s'incazzano
e i giornali che svolazzano
e tu mi fai - dobbiamo andare al cine - e vai al cine, vacci tu!

106

"...SIAMO GIÙ DI FORMA... ASSAI, ASSAI..."

SPORT PER PRINCIPIANTI

(da: *Altroconsumo*, luglio/agosto 1991)

La corsa
– Cominciate con 5 minuti di marcia, 30 secondi di corsa e in seguito alternate marcia e corsa per una decina di minuti, per terminare con 5 minuti di marcia a passo sostenuto; il tutto su terreno il più possibile piano e lontano dal traffico.
– Abbreviate progressivamente la passeggiata iniziale e allungate i periodi di corsa, per arrivare dopo 6-8 settimane a 10 minuti di corsa consecutivi.
– Lo scopo minimo da raggiungere è correre più volte alla settimana per un quarto d'ora. Non trascurate il riscaldamento, per evitare stiramenti, e la marcia finale per disperdere il calore.
– Alternate con qualche esercizio di stretching per favorire l'irrorazione dei muscoli. La corsa è uno sport molto completo, che chiunque può praticare a tutte le età.

Ciclismo
– Cominciate molto progressivamente, pedalando per 5 minuti. Evitate le salite e, almeno all'inizio, di andare controvento.
– Lo scopo da raggiungere è di effettuare ogni settimana quattro uscite di circa 30 minuti. La bicicletta offre il vantaggio di non sovraccaricare gli arti inferiori, che lavorano molto senza sopportare il peso del corpo. È dunque raccomandato alle persone in sovrappeso o che soffrono di artrosi dell'anca o del ginocchio.

Il nuoto
– Non nuotate in acqua troppo fredda. Non buttatevi nell'acqua immediatamente dopo un pasto abbondante o un bagno di sole prolungato. Entrate gradualmente nell'acqua e, se non siete abituati, non restateci per più di un quarto d'ora.
– Usate cuffia e occhialini e, dopo il bagno, fate una doccia e asciugatevi bene per evitare il rischio di micosi.
– Cominciate a percorrere le vasche nel senso della larghezza, più breve. Continuate fino a quando sarete leggermente senza fiato.
– Aumentate progressivamente il numero delle vasche in larghezza e passate poi alla lunghezza.
– Se il nuoto rappresenta l'unica attività sportiva, cercate di nuotare almeno 15-30 minuti, quattro volte alla settimana. Aumentate progressivamente il numero delle vasche da fare in questi tempi.
– Nuotate in stili diversi, in modo da far lavorare tutti i muscoli. Come il ciclismo il nuoto va benissimo per anziani e obesi, perché muscoli e articolazioni non devono sopportare il peso del corpo. Il nuoto a dorso è raccomandato a chi soffre di dolori lombari. È adatto non solo per la resistenza, ma anche per l'elasticità e il relax.

107

INCOLLA QUI I TUOI RITAGLI DI GIORNALE

PARTE QUINTA

IL VIAGGIO

In treno: *Noi non ci fermeremo a Eboli*
             Il vostro biglietto

In aereo: *Viaggiare in aereo*

In auto: *Tutte le strade portano a Roma*
             Quando il vocabolario fa il pieno con l'auto
             Il test dell'automobilista

Le vacanze: *"Titanic" di F. De Gregori*
             Gli italiani in spiaggia
             Reclami

Noi non ci fermeremo ad Eboli

Per fare un bel viaggio nel Sud, nelle Isole o nelle zone più remote del nostro Paese, non basta restare affacciati al finestrino a guardare il panorama. C'è bisogno di linee, di treni, di maggiori comfort. Occorrono strutture nuove e interventi su quelle ormai inadeguate. Proprio per questo, abbiamo previsto un piano di investimenti che ci consentirà non solo di dare nuove energie al trasporto ferroviario nel Mezzogiorno, ma di rilanciare, con l'aiuto di Regioni e Comuni, anche le reti locali. Vogliamo arrivare là dove lo sviluppo non ha mostrato il volto migliore, per disegnare un nuovo modo di viaggiare in treno; più veloce, più comodo, più sicuro, più conveniente. Ma questo è solo uno dei punti di forza di un progetto più ampio, destinato a cambiare il rapporto fra le Ferrovie dello Stato e i singoli cittadini, l'industria, il Paese. Seguiteci, sarà un buon viaggio. Il Sud, le Isole e le reti locali nel grande progetto delle Ferrovie dello Stato.

VELOCITA' MA NELLA SICUREZZA, SVILUPPO DELLA RETE MERIDIONALE, POTENZIAMENTO DEL TRASPORTO MERCI E DEL TRAFFICO LOCALE. PIU' CHE VENDERE UN PRODOTTO, LA CAMPAGNA TELEVISIVA E STAMPA PROMOSSA DALLE FS VUOLE COMUNICARE AL PAESE, IN MODO CHIARO E SENZA ENFASI, GLI OBIETTVI DELL'IMPRESA. TRA L'ITALIA CHE SI MUOVE, E PORTA A DESTINAZIONE VIAGGIATORI E MERCI, E L'ITALIA COSTRETTA A STARE FERMA, E A SPRECARE ENERGIE E RISORSE ECONOMICHE, IL TRENO SI RIPROPONE CON IL SUO VOLTO MIGLIORE.

STORIE DI ORDINARIA FERROVIA
di Tiziana Gazzini

L'Italia che si muove. E' questo l'unico messaggio esplicito che compare nello spot televisivo dell'Ente FS in onda dal 20 ottobre sulle reti RAI, Fininvest e Telemontecarlo. Un messaggio che si somma a quelli della campagna stampa che dicono, con la sapienza della retorica pubblicitaria, più o meno la stessa cosa. "Vogliamo farci carico dei vostri desideri", "Noi non ci fermeremo ad Eboli", "Vogliamo infrangere i limiti di velocità", "Se volete viaggiare sicuri, slacciatevi le cinture", sono gli slogan dei quattro annunci che avrete già individuato sulla stampa quotidiana e periodica. Come dire, l'Italia che si muove con velocità, ma nella sicurezza, senza dimenticare l'obiettivo di un equilibrato sviluppo della rete ferroviaria meridionale e il necessario potenzia-mento del traffico merci, a favore non solo dei conti commerciali dell'Ente, ma anche di un minore inquinamento ambientale e di una maggiore sicurezza del traffico automobilistico.

LINEA TRENO
N. 10
OTTOBRE '91

IL VOSTRO BIGLIETTO

Esistono diversi tipi di treni:

Eurocity: Treni di qualità in servizio internazionale.
Intercity: Treni di qualità in servizio interno.
Pendolino: (ETR 450). Il prezzo del trasporto comprende servizi accessori e ristoro.
Espresso: Ferma ad un numero maggiore di stazioni, generalmente è possibile prenotare il posto sia in 1a che in 2a classe.
Diretto: Effettua più fermate del precedente.
Interregionale
Regionale
Metropolitano

Servizi ausiliari disponibili sui convogli a più lunga percorrenza sono offerti dalle carrozze ristorante (su alcune si trovano "pasti vassoio" di gusto gradevole e di prezzo ragionevole), dai vagoni letto e dal sistema "treno+auto", che permette di disporre della propria vettura nel luogo di destinazione risparmiandosi le fatiche della guida.

1. EMISSIONE DEI BIGLIETTI - Nell'ambito della tariffa si rilasciano i seguenti tipi di biglietti:
– corsa semplice;
– andata e ritorno;
– comitive (ordinarie e di giovani).

I biglietti sono emessi dalle stazioni e dalle Agenzie di viaggi abilitate al traffico internazionale e possono essere emessi anche in partenza da una stazione estera a destinazione di una stazione italiana, con un anticipo massimo di due mesi rispetto al primo giorno di validità.

2. VALIDITÀ DEI BIGLIETTI - I biglietti sono validi 2 mesi. La validità decorre dalla data fissata dal viaggiatore, che viene indicata sul biglietto da parte dell'Ufficio di emissione.
Il viaggiatore può cominciare il viaggio in un giorno qualunque compreso nella durata di validità del suo biglietto; deve terminarlo, al più tardi, con un treno che secondo l'orario raggiunga la stazione destinataria entro le ore 24 dell'ultimo giorno di validità.

3. FERMATE INTERMEDIE - Il viaggiatore ha diritto di effettuare, in corso di viaggio, un numero illimitato di fermate, entro il limite di durata della validità del biglietto.
Le fermate non sono sottoposte ad alcuna formalità tranne che in Spagna, ove devono essere rispettate le formalità previste dalla tariffa.

(da: *Orario Generale delle Ferrovie dello Stato*)

MOD. Ci 202 P/ME-1

		NOTE CARTA 5048		
N. **88718**				
EMESSO IL 07/08/91	INIZIO VALIDITÀ 09/08/91	CS C/VERDE 4		ROMA TERMINI
		INDICAZIONI SPECIALI		
SCAD. VALID. 12/08	88718	RIF.TO	TERM.	5814

DA ROMA TERMINI		01	CAT.	TRENO	ORA
		ADULTI			
A UDINE		RAGAZZI	CL.	DATA	CARR.
KM. 692		**	POSTI		

VIA CHIUSI *BOLOGNA*MESTRE *CONEGL.*

				BIGLIETTO	SUPPL.TI	SERVIZI SP.	TOTALE
TAR. 4	CLASSE 2	VAL. RESIDUA	DAL	**33500	*******	*******	***33500

IN AEREO

(da: *Viaggiare in Aereo*, Alitalia)

VIAGGIARE IN AEREO

(da: *Viaggiare in Aereo*, Alitalia)

Siate sicuri di quel che volete prima di fare la vostra chiamata telefonica. Prenotate soltanto il posto che realmente vi servirà.

Se ciò non vi sarà possibile, abbiate cura di disdire il posto inutile non appena potrete.

Se avrete prenotato un posto soltanto, disditelo subito non appena doveste decidere di non partire.

Quando pianificate il vostro viaggio chiedete sempre se per la vostra destinazione esistono tariffe speciali e in caso affermativo fatevene spiegare chiaramente le condizioni.

Se avete acquistato un biglietto a tariffa spe-

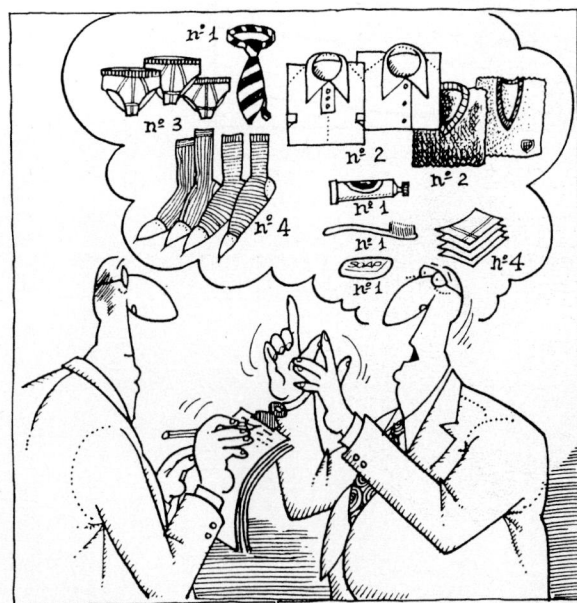

ciale rispettatene le condizioni o il biglietto non sarà ritenuto valido.

Se, prima di partire, avete prenotato anche il viaggio di ritorno, appena arrivati fatevi vivi con l'agenzia della compagnia aerea, lasciate il vostro recapito e riconfermate la vostra prenotazione. In alcuni casi la riconferma è necessaria perché vi sia mantenuto il vostro posto.

Presentatevi in aeroporto, ai banchi di accettazione in tempo utile da poter anche sostare in coda senza per questo giungere allo sportello a tempo scaduto.

Per un bagaglio mancante non vi limitate a dichiarare che esso conteneva effetti personali e basta; elencatene invece il contenuto con la massima esattezza possibile al momento e pretendete che l'elenco sia chiaramente riportato sul rapporto.

"... VI PREGHIAMO DI SPEGNERE LE SIGARETTE, DI PORRE LO SCHIENALE DELLA POLTRONA IN POSIZIONE VERTICALE E DI MANTENERE LE CINTURE BEN ALLACCIATE SINO ALL'ARRESTO DEI MOTORI ..."

Stiamo ormai atterrando: siamo arrivati a destinazione!

IN AUTO

Al lavoro in auto. *Potrebbe sembrare un vezzo, invece per molti è una dura necessità. L'automobile come un mezzo di trasporto per andare e tornare dal lavoro ha un indice statistico altissimo. Colpa di una politica che per decenni ha trascurato lo sviluppo e l'adeguamento dei mezzi pubblici (autolinee, ferrovie, metropolitane) alle necessità sociali e anche della speculazione edilizia che obbliga molti italiani ad abitare lontano dai posti di lavoro per motivi prevalentemente economici.*

L'italiano viaggia solo. *In un contesto di dati statistici che dimostrano una evoluzione in senso positivo delle abitudini degli automobilisti italiani, l'unico dato negativo è quello che concerne il numero di persone trasportato in auto: la media italiana è fra le più basse in assoluto: 1,5 persone trasportate per mezzo*

(da: *L'automobile*, 1980, disegni di Alfonso Artioli)

Tutte le strade portano a Roma
(da: *Qui Touring*)

Dal sentiero all'autostrada, la costruzione e lo sviluppo delle vie di comunicazione è, storicamente, "cosa nostra". Furono i Romani, i primi in occidente a concepire un sistema viario vero e proprio. Le strade romane - la prima fu la via Appia, costruita nel 312 a.C. cui seguirono l'Aurelia, la Flaminia, la Cassia. Il complesso della viabilità romana andò in rovina con le invasioni barbariche. Si dovette attendere fino al 1400 perché la ripresa avesse inizio. Nel 1886, infine, con l'invenzione dell'automobile, il trasporto di merci e persone su gomma divenne uno dei pilastri dell'economia italiana. La prima autostrada del mondo porta la data 1924: la Milano-Laghi, con uno sviluppo di 85 Km. Dal 1925 al 1933 furono poste in funzione la Milano-Bergamo (50 km), la Napoli-Pompei (23 km), la Brescia-Bergamo (48 km), la Milano-Torino (127 km), la Firenze-Mare (81 km), la Padova-Mestre (25 km). E, la Roma-Ostia (20 km), illuminata di notte da ben 3 mila lampade. In Italia, la costruzione, nel 1956, dell'Autostrada del Sole - A1 in codice autostradale - inaugurava una nuova era.

Via Appia: la più importante, veniva chiamata "regina viarum". Collegava Roma con i porti di Napoli e Brindisi.

Via Aurelia: collega Roma con il Tirreno. L'Aurelia Antica giungeva fino ad Arles. L'Aurelia moderna segue il tracciato della via romana.

Via Flaminia: fu iniziata nel 220-219 a.C. Usciva da Roma ed arrivava fino a Rimini. Collegava Roma con la Pianura Padana.

Via Cassia: unisce Roma a Firenze e continua fino all'Aurelia. Fu costruita al tempo delle prime relazioni dei Romani con gli Etruschi. Nel Medioevo prese il nome di via Francisca perché percorsa dai pellegrini che provenivano dalla Francia.

Nella cartina l'estensione attuale della rete autostradale italiana.
Sono oltre 6000 chilometri di asfalto che uniscono lo stivale a cui presto si aggiungeranno altri importanti segmenti.

Colloca tu le città nella giusta posizione:
1) ROMA 2) NAPOLI 3) CASERTA 4) SALERNO 5) REGGIO CALABRIA 6) MESSINA 7) TARANTO 8) BARI 9) PESCARA 10) RAVENNA 11) BOLOGNA 12) MODENA 13) MILANO 14) TORINO 15) VENEZIA 16) BOLZANO 17) GENOVA 18) CAGLIARI.

Quando il vocabolario fa il pieno con l'auto

(di Chiara Beria. Intervista al prof. Mario Medici docente di Storia della Lingua Italiana da: *L'automobile*, 16 marzo 1980)

Dice Medici: "con l'affermarsi della motorizzazione, a poco a poco, si sono diffusi termini ed espressioni che si rifanno all'automobile. Sono ormai frequenti i titoli dei giornali in cui compaiono espressioni come: *premere sull'acceleratore*, *dare un colpo di freno* all'economia oppure il tale partito sta facendo *una sterzata a destra*.
Sono tutti modi di dire che vengono dal linguaggio automobilistico ma che sono ormai disinvoltamente riferiti alla politica, all'economia".

Risponde l'esperto: l'auto trasforma la lingua

Insomma, secondo lei professore, l'automobile ha influenzato molto il nostro linguaggio?
"Più che l'automobile in se stessa, credo che sia stato lo sport automobilistico a trasformare la nostra lingua. È uno sport che desta passioni, che suscita l'interesse di molti. Del resto anche altri sport hanno influenzato il nostro linguaggio".
Quindi alla base di questo fenomeno ci sarebbe una spinta emotiva?
"Sì, certamente. Se c'è la passione, se c'è l'entusiasmo allora quasi automaticamente si usano dei neologismi per esprimere determinati atteggiamenti psicologici. Pensiamo a espressioni come *andare a tavoletta* oppure *andare su di giri* o ancora *partire in quarta* o anche *fare il pieno*. Sono tutti modi di dire che non nascono da un linguaggio tecnico ma che sono molto efficaci. Servono, per esempio, a fotografare con immediatezza una persona che si è arrabbiata, che ha perso la calma.
I pubblicitari giocano nei loro messaggi sull'accostamento automobile-donna. E pensare che originariamente non era femminile...".
Scusi si spieghi meglio...
"Automobile è un francesismo e per molto tempo si è dibattuto se doveva essere di genere maschile o femminile. Se si doveva dire la macchina automobile o il mezzo automobile. E quindi lo automobile o la automobile".
E come è finita?
"A tagliare la testa al toro è stato Gabriele D'Annunzio il quale decretò: "è femmina" e così rimase".
Una bella storia. Ma altri termini legati all'automobile hanno padri così illustri? Voglio dire autista o tergicristalli da dove derivano, chi li ha inventati?
"Autista ha pochi anni: risale al fascismo. Quando ero piccolo si diceva *chauffeur* e circolavano addirittura delle forme dialettali derivate da questa parola francese. Così in Emilia dalle mie parti si diceva "el Zifòr". Poi nell'ambito della campagna puristica del fascismo il Ministero dei Trasporti propose la parola "autista" e chiese il parere a Bruno Migliorini che aveva da poco inventato la parola "regista". Migliorini approvò e da allora noi diciamo autista".

Guarda i disegni e cerca di spiegare le espressioni che seguono:

- *premere sull' acceleratore:*

- *dare un colpo di freno:*

- *fare una sterzata a destra:*

- *andare su di giri:*

- *partire in quarta:*

- *fare il pieno:*

se i pneumatici non sono in condizioni ottimali....

il comportamento dei pedoni non è sempre prevedibile

è rischioso distrarsi

la tua vettura
non è un autobus

(da: *Il triangolo*, a cura dell'ANIA)

se hai mangiato o "bevuto"....

LE CONDIZIONI PSICOFISICHE

Non metterti al volante se non stai bene. Se guidi da molte ore ferma-
ti a riposare: un piccolo ritardo vale certamente la tua incolumità e
quella dei tuoi cari.
Se hai mangiato o "bevuto", attenzione: i riflessi sono sicuramente più
lenti e corri anche il rischio di un improvviso colpo di sonno.

IL TEST DELL'AUTOMOBILISTA

- Mantieni sempre la massima concentrazione alla guida? (Evitando di distrarti con
i passeggeri, di ammirare il panorama,
ecc.) sì no

- Se hai bambini a bordo, li metti in condizioni di sicurezza prima di partire? sì no

- Rispetti sempre i segnali stradali? (Non sono un obbligo fastidioso, ma utili avverti-
menti nel tuo interesse) sì no

- In colonna, mantieni sempre le distanze di
sicurezza? (Tenendo d'occhio inoltre gli
stop delle vetture che precedono) sì no

- In città, stai attento al comportamento, non
sempre prevedibile, dei pedoni? sì no

- Se ascolti l'autoradio, la tieni a giusto volume? (La musica troppo alta non lascia sentire i segnali degli altri) sì no

- Quando guidi, ti limiti nel fumo? (È un pericoloso fattore di deconcentrazione) sì no

- Verifichi spesso l'efficienza della tua vettura? (In particolare i pneumatici, lo sterzo, i
freni e le luci) sì no

- Ricordi sempre che la tua macchina non
è un autobus (numero dei passeggeri) né
un TIR (sovraccarichi e ingombri pericolosi)? sì no

- E infine, metti e fai mettere ai passeggeri le
cinture di sicurezza? sì no

**Con 9 o 10 "sì" sei un automobilista per-
fetto, o quasi, con 7-8 "sì" sei ancora un
buon guidatore, con 6 "sì" sei appena
sufficiente. Ma se scendi sotto questo limite, cerca di correggere le tue abitudini
di guida.**

LE VACANZE

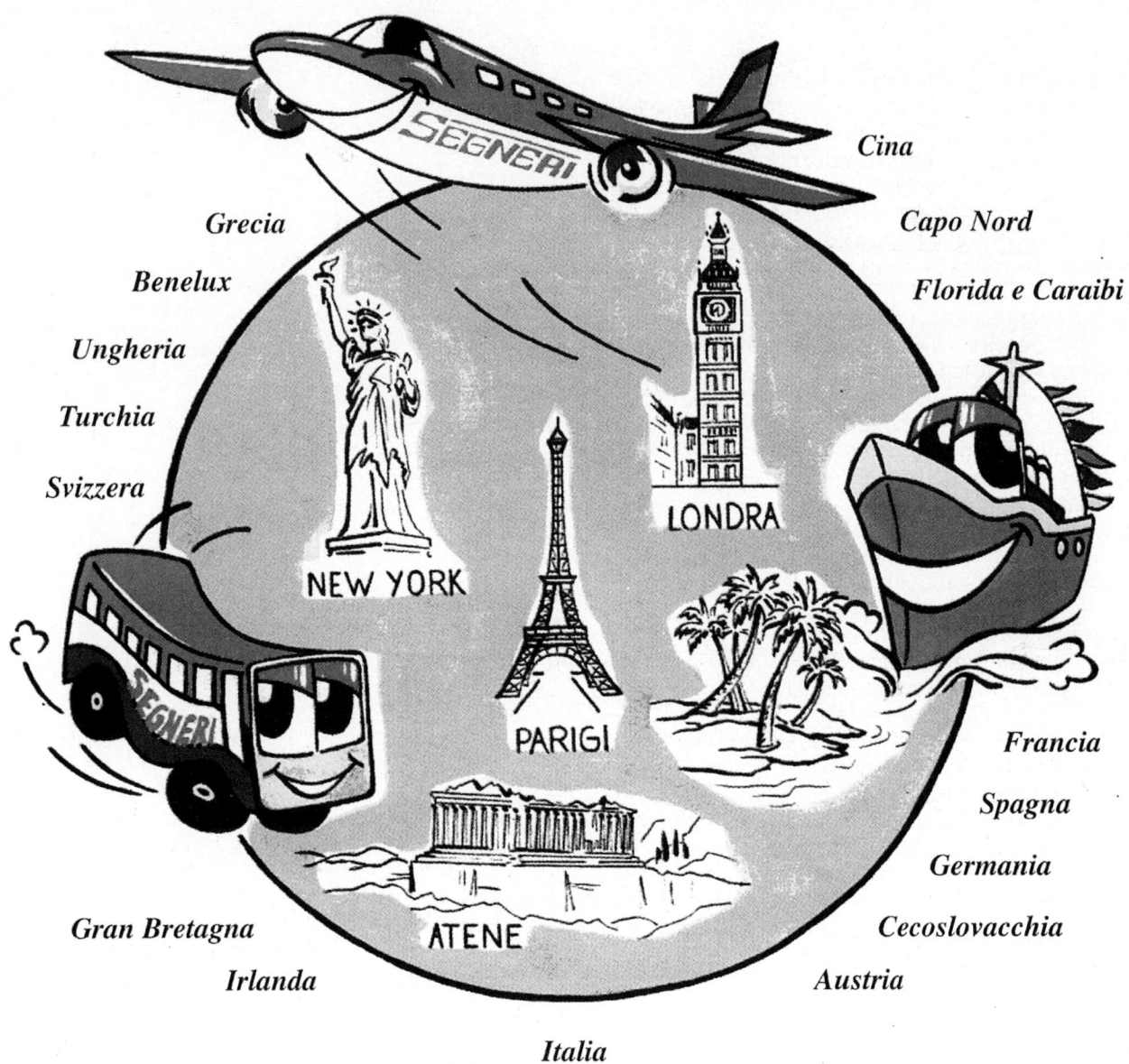

Cina

Capo Nord

Florida e Caraibi

Grecia

Benelux

Ungheria

Turchia

Svizzera

NEW YORK

LONDRA

PARIGI

ATENE

Francia

Spagna

Germania

Cecoslovacchia

Gran Bretagna

Irlanda

Austria

Italia

(dal catalogo di: *Segneri Viaggi e Crociere*, Ceccano)

"Titanic"
di Francesco De Gregori
RCA 1982

La prima classe costa mille lire
la seconda cento
la terza dolore e spavento
e puzza di sudore dal boccaporto
e odore di mare morto.
Sior Capitano mi stia a sentire
ho belle e pronte le mille lire
in prima classe voglio viaggiare
su questo splendido mare.
Ci sta mia figlia che ha quindici anni
ed a Parigi ha comprato un cappello
se ci invitasse al suo tavolo a cena stasera come sarebbe bello
e con l'orchestra che ci accompagna
con questi nuovi ritmi americani
saluteremo la Gran Bretagna coi bicchieri fra le mani
e con il ghiaccio dentro il bicchiere
faremo un brindisi tintinnante
a questo viaggio davvero mondiale e a questa luna gigante.
Ma chi l'ha detto che in terza classe
che in terza classe si viaggia male
questa cuccetta sembra un letto a due piazze
ci si sta meglio che in ospedale.
A noi cafoni ci hanno sempre chiamati
ma qui ci trattano da signori che quando piove si può star dentro
ma col bel tempo veniamo fuori
su questo mare nero come il petrolio
ad ammirare questa luna-metallo
e quando suonano le sirene ci sembra quasi che canti il gallo
ci sembra quasi che il ghiaccio che abbiamo nel cuore
piano piano si vada a squagliare
in mezzo al fumo di questo vapore
di questa vacanza in alto mare.
E gira gira gira gira l'elica
e gira gira che piove che nevica
per noi ragazzi di terza classe
che per non morire si va in America.
E il Marconista sulla sua torre
le lunghe dita celesti nell'aria
riceveva messaggi di auguri per questa crociera straordinaria
e trasmetteva saluti e speranze
in quasi tutte le lingue del mondo
comunicava tra Vienna e Chicago in poco meno di un secondo.
E la ragazza di prima classe innamorata del proprio cappello
quando la sera lo vide ballare
lo trovò subito molto bello.
Forse per via di quegli occhi di ghiaccio
così difficili da evitare
pensò magari con un po' di coraggio
prima dell'arrivo mi farò baciare.
E come è bella la vita stasera
tra l'amore che tira e un padre che predica
per noi ragazzi di prima classe che per sposarci si va in America
per noi ragazzi di prima classe che per sposarci si va in America.

Gli italiani in spiaggia: c'era una volta il vestito alla marinara

(di Leonardo Vergani dal *Corriere della Sera Illustrato*, 15 luglio 1978)

ANNI 30

Come è cambiata l'estate degli italiani? Se una *immaginaria* macchina del tempo ci riportasse indietro di mezzo secolo, diciamo agli inizi degli anni Trenta, soltanto una cosa, probabilmente, ci sembrerebbe uguale: il caldo.
Partiamo dunque per le nostre vacanze 1930. Intanto, per permetterci un simile lusso, quello di quindici giorni al mare, occorre appartenere ad una "certa categoria", almeno a quella delle mille lire al mese. Le ragazze d'ufficio al primo impiego si accontentano di trecento lire, tanto quanto costa un abito da uomo su misura. A Venezia la pensione completa all'Hotel Bristol Britannia costa da cinquanta lire in su, a Nervi l'*omonimo* Hotel vi offre lo stesso *trattamento* con 28 lire, sulla riviera romagnola i prezzi sono più bassi, dalle quindici alle venti lire, compresi sedia a sdraio, cabina ed ombrellone. Ma poi ci sono gli imprevisti e le spese di viaggio. Ci si trasferisce in treno.
I primi treni popolari creano un tipo di turismo fino allora mai esistito, scampagnate con frittate e fiaschi. Da Torino a Venezia il viaggio costa 30 lire, partenza all'alba e ritorno in serata. *Convogli* carichi di famiglie raggiungono Roma, Viareggio, le Dolomiti. Quella dei treni popolari non è gente che ha i soldi per una vera *villeggiatura*. Siamo nel 1931. Finiscono i tempi del costume da bagno diritto e *amorfo* che si *incollava* alla pelle. Comincia l'era della *tintarella*, le ragazze, consumano quintali di crema Nivea. Si moltiplicano gli stabilimenti *balneari* e le *tettoie* di paglia. Ma ci sono ancora chilometri di spiagge libere, dove si può fare il bagno senza spendere un soldo.

immaginaria:	(immaginario) che appartiene al mondo immaginario, della fantasia, che non è reale.
omonimo:	che ha lo stesso nome.
trattamento:	i servizi che vengono offerti al cliente di un albergo, di un ristorante. *Trattamento di mezza pensione.*
convogli:	(convoglio) una serie di vetture che viaggiano una dietro l'altra. *Un convoglio ferroviario di dieci vagoni.*
villeggiatura:	l'andare in vacanza, durante l'estate, in una località di mare, di montagna, ecc.
amorfo:	senza forma.
incollava:	(incollare) attaccare con la colla.

ANNI 50

La guerra è passata, è passato anche il primo dopoguerra. Le spiagge degli anni Cinquanta vedono un tipo di italiano completamente nuovo che vuol dimenticare gli anni *bui* del *conflitto*. Sul lungomare di Viareggio e di Riccione *sfrecciano* le prime Vespe. Sul sedile posteriore le ragazze siedono ancora *all'amazzone* perché non tutte indossano i pantaloni.
I prezzi naturalmente, sono saliti. A Rimini l'albergo Quisisana offre pensione completa a 1400 lire al giorno, ma nei luoghi più di moda si raggiungono e si superano le 5000 lire. Anche il prezzo delle cabine è aumentato e continuerà ad aumentare *inesorabilmente*. Nessuno parla di inquinamento, anche se l'acqua è sporca. Alla sera i giovani scoprono il whisky che dapprima non piace proprio a nessuno. Ma occorre berlo per forza per non sentirsi tagliati fuori.
Comincia la moda dei blue jeans con il *risvolto* arrotolato e quello della camicia a scacchi scozzese. Nei primi anni del Cinquanta soltanto pochissime ragazze osano scendere in spiaggia con un "due pezzi". Se ne arriva una si grida allo scandalo. Ci sono poliziotti che, in divisa, *arrancano* nella sabbia per multare chi indossa un bikini.

tintarella:	abbronzatura, il colore bruno che ha la pelle, in seguito all'azione del sole.
balneari:	(balneare) che riguarda i bagni di mare: stazione balneare; stabilimento balneare; stagione balneare.
tettoie:	(tettoia) copertura che serve a coprire uno spazio aperto, per ripararsi dal sole, dalla pioggia.
bui:	(buio) senza luce.
conflitto:	guerra. *Conflitto nucleare.*
sfrecciano:	(sfrecciare) passare molto velocemente, come una freccia.
all'amazzone:	sedersi su un cavallo, su una motocicletta con tutte e due le gambe da un solo lato.
inesorabilmente:	in modo inesorabile, che non si può evitare.
risvolto:	parte del tessuto di un abito piegata in fuori. *I risvolti della giacca, pantaloni con il risvolto.*
arrancano:	(arrancare) camminare faticosamente, cercando di fare in fretta.

RECLAMI

(da: *Altroconsumo*, maggio 1991)

In albergo: "In giugno - scrive il signor G.B. di Verona - ho prenotato una camera matrimoniale e un lettino aggiunto all'albergo Villa Clelia di Rimini, inviando una caparra di Lit. 150.000. La prenotazione era per 10 giorni (dal 16 al 26 agosto). Siamo arrivati regolarmente il 16 agosto, ma il giorno successivo siamo stati avvisati da un parente che mio suocero stava male e che avremmo dovuto rientrare immediatamente. Costretti a ripartire abbiamo chiesto il conto. La pensione completa era di Lit. 50.000 al giorno per me e mia moglie, e di Lit. 25.000 al giorno per la bambina. Invece mi sono visto addebitare 2 giorni di pensione completa e 8 giorni a Lit. 50.000 per i pernottamenti non fatti (faccio rilevare che il prezzo della camera è di Lit. 38.000), per un totale di Lit. 612.000".

(da: *Roma Comune*)

Scrivi:
– La lettera di risposta dell'albergo
– La lettera di risposta del Club

Vacanze in Club: il signor R.C. di Novara sceglie la formula Club. La proposta è allettante: mare, alloggio in camera, pasti e attività sportive comprese nel prezzo. Prenota e paga, ma durante la permanenza si rende conto che: "La qualità e la quantità dei pasti era decisamente scadente; spesso dei tre secondi o dei dolci proposti almeno uno mancava e non era possibile chiedere alternative. Nel catalogo venivano dichiarati una serie di servizi che non c'erano assolutamente: un bar, invece dei due previsti, nessuna sala TV, la baby sitter inesistente tranne poche ore al giorno. Tennis e windsurf, che dovevano essere compresi e interni al Club, erano invece a pagamento e i campi da tennis si trovavano all'interno di un centro sportivo privato, esterno al Club, cui si poteva accedere solo nelle ore, poche, lasciate libere dai soci (tipo dall'una alle tre del pomeriggio).

INCOLLA QUI I TUOI RITAGLI DI GIORNALE

DEL GIOCO

OGNUNO DEI GIOCATORI DEVE RISPONDERE ALLA BATTUTA DELL'ALTRO O AL VOLO O DOPO IL PRIMO RIMBALZO. PERDE IL PUNTO SE LA PALLA TOCCA TERRA DUE VOLTE O SE LA RIMANDA FUORI DALLE LINEE DEL CAMPO AVVERSARIO!

NON E' PIU' COME AI MIEI TEMPI, MA RIMANE *UN GRAN BEL GIOCO*, NO?

IL GIOCATORE *PERDE* IL PUNTO SE TOCCA LA RETE O I PALI, ANCHE SOLO CON LA SUA RACCHETTA!

ECCO UN ALTRO CASO IN CUI IL GIOCATORE PERDE IL PUNTO: SE LA PALLINA LO TOCCA!

QUESTA E' UNA PALLA CONSIDERATA GIA' FUORI, SE SI GIOCA IN SINGOLO!

PÔC!

linea di fondo

ANCHE SE COLPISCE LA PALLA AL VOLO PRIMA CHE ABBIA SUPERATO LA RETE, *PERDE* IL PUNTO!

PÔC!

PÔC!

linea di battuta

QUANDO IL GIOCATORE SI AGGIUDICA IL PRIMO PUNTO, IL SUO PUNTEGGIO E' **15!** QUANDO VINCE IL SECONDO PUNTO SALE A **30**, ED AL TERZO ARRIVA A **40!** AL QUARTO PUNTO SI AGGIUDICA IL **GAME**, CIOE' IL GIOCO!

doppio

SE IN UN TIRO DI RISPOSTA LA PALLA *TOCCA* LA RETE, MA POI CADE DALL'ALTRA PARTE, E' VALIDA ED E' UN PUNTO A FAVORE!

...SE INVECE RICASCA INDIETRO E' UN PUNTO A FAVORE DELL'AVVERSARIO!

marciante 85

(da: *Più*, n. 137, 26/5/85)

129

PARTE SESTA

COMPRARE

Dove: *Dove comprare per spendere bene*
Due modi di fare la spesa al centro
La vendita per corrispondenza

Come: *C'è una via italiana all'acquisto*
Dodici regole per evitare guai
I padroni dei prezzi
Indagine: vi piace Roma fuori orario?
Carta vincente

Cosa: *Per la tua eleganza*
L'Italia al caffè
Il migliore... quello del mattino
Gli italiani e il vino
Una cantina per tutti
La pasta
La pizza
Quelli del Fast Food

foto: Serafino Amato

LA VENDITA PER CORRISPONDENZA

Il mercato di carta

(di Leila di Paolo, *Noi donne*, 1° novembre 1981)

Tutto per lei, lui, per i figli, per la casa - mobili compresi - per la bellezza, per gli hobby di chi ama il "fattelo da te". Le aziende specializzate in vendite per corrispondenza sembrano, insomma, dire "chiedi, e ci pensiamo noi". A prezzi *modici*.

Le ditte che vendono per corrispondenza *puntano* - dicono - sul guadagno complessivo e non su quello unitario: cioè, preferiscono vendere, per esempio, diecimila paia di calze con un guadagno di 100 lire al paio, piuttosto che mille paia con un guadagno, magari di 200 lire. In secondo luogo, per gli *approvvigionamenti* delle merci non hanno bisogno di *intermediari*, ma si rivolgono direttamente alle fabbriche, o alle case produttrici, e con *ordinativi* di dimensioni tali da renderli fortissimi sui diversi ordinativi.

La formula stessa della vendita per corrispondenza prevede, poi, risparmi notevoli: non hanno bisogno di punti di vendita sparsi in tutta Italia, quindi non hanno spese di affitti o di gestione. Tutta la merce è concentrata in enormi capannoni, situati su un solo piano per evitare *dispersione* di tempo e di forza lavoro nella preparazione dei pacchi da inviare; e il sistema delle ordinazioni è completamente computerizzato, quindi rapido e preciso. Perciò, un ulteriore risparmio di personale: tutto il settore occupa circa 6mila addetti, pochissimi rispetto al volume degli affari che investe. Infine, contratti particolari con le poste di cui costituiscono in assoluto il maggiore cliente - permettono costi di spedizione inferiori a quelli normali (e una parte di questi costi, del resto, è sostenuta dagli acquirenti, come è specificato nei singoli cataloghi).

Seguendo questa linea negli acquisti, e *perseguendo* la politica di mantenersi cari i clienti, riescono a essere concorrenziali rispetto ai negozi al dettaglio. E possono permettersi anche la formula - del resto prevista dal "codice morale" imposto dall'Anvec (Associazione nazionale delle vendite per corrispondenza) - del "soddisfatti o rimborsati": se un cliente, per qualsiasi valida ragione, non è soddisfatto del prodotto, può rimandarlo indietro e riavere il suo denaro, o chiedere un altro prodotto dal prezzo corrispondente.

modici:	(modico) basso, piccolo.
puntano:	(puntare) avere come obiettivo, andare decisamente in una determinata direzione.
approvvigionamenti:	(approvvigionamento) il fornirsi di provviste, accumulare una quantità di merci da mettere in vendita.
intermediari:	(intermediario) che si trova in mezzo a più persone o cose e permette il passaggio fra di esse.
ordinativi:	(ordinativo) richiesta merci.
dispersione:	perdita inutile, che non porta alcun vantaggio.
perseguendo:	(perseguire) cercare di raggiungere, avere come scopo.

Supplemento a «Il Messaggero», 8 marzo 1990

LE VENDITE PER CORRISPONDENZA

Da noi questo settore è partito
con venti anni di ritardo ma presenta
ritmi di crescita esponenziali

C'è una via italiana all'acquisto

LE VENDITE PER CORRISPONDENZA

Da noi questo settore è partito con venti anni di ritardo ma presenta ritmi di crescita esponenziali

C'è una via italiana all'acquisto

Altro che il mattino, è il catalogo ad avere l'oro in bocca. Gli esperti se ne sono convinti studiando fatturati, trend di crescita e raffronti internazionali. Le vendite per corrispondenza in Italia stanno vivendo un periodo di boom che continuerà alla grande nei prossimi anni. Il destino di questo settore è scritto nelle stelle. O meglio è già segnato da quanto è successo negli altri paesi partiti prima di noi nel business del catalogo. Rispetto al giro d'affari dei colossi francesi e tedeschi della vendita per corrispondenza, i nostri big - Postal Market e Vestro - sono ancora dei neonati. Ma il futuro, per loro, non sarà avaro di soddisfazioni.

Gli italiani che comprano su catalogo vestiti, libri, coltelli da Rambo e magari videocassette osé sono destinati a diventare sempre di più. Il mondo magico delle vendite per corrispondenza non è popolato solo di colossi. Esiste anche un pugno di piccole e medie aziende che solleticano le voglie di un target di clienti ricchi e raffinati con cataloghi specializzati, affollati di prodotti difficilmente rintracciabili in commercio. Come le leccornie del Club delle Fattorie, gli olii e le salamoie dei Fratelli Carli, i vini preziosi della San Martino, i bulbi rari della Stassen. E poi un ricco sottobosco di venditori di afrodisiaci, di amuleti, di pillole miracolose, di pomate rassodanti. Ma cosa ha decretato il successo crescente di questa formula di vendita?

In sostanza la riuscita miscela di quattro elementi:

1) La comodità d'acquisto. Catalogo alla mano, in qualunque momento si compila una scheda o si fa un colpo di telefono e qualche giorno dopo l'articolo ti arriva direttamente a casa. Per chi preferisce, pagamento alla consegna.

2) Prezzi bloccati per sei mesi, la durata del catalogo, a livelli di grande convenienza. Nel peggiore dei casi allineati a quelli dei grandi magazzini. Ma spesso addirittura inferiori, anche per i prodotti firmati da grandi stilisti che lavorano per Postal Market, come Coveri e Cerruti, o per Vestro, come Trussardi.

3) La formula "soddisfatti o rimborsati" che, almeno nel caso dei due leader di mercato, consente al cliente di rimandare indietro la merce e riavere integralmente i suoi soldi anche se ha semplicemente cambiato idea.

4) La continua ricerca di tecniche distributive, che consentano, gli ordini più comodi e la consegna più rapida nonostante lo stato pietoso dei nostri servizi postali.

Commercianti: manager o bottegai?

campionari:	(campionario) raccolta di singoli campioni di merce da mostrare ai clienti.
concorrenziali:	(concorrenziale) che è proprio della concorrenza. *Prodotti concorrenziali*, che hanno tali caratteristiche nel prezzo e nella quantità, da non temere i prodotti di altre ditte concorrenti.
enoteca:	raccolta di vini.
gestore:	la persona che gestisce, che cura, che amminstra un'impresa.
spaccio:	bottega, negozio dove si vendono generi alimentari.
damigiana:	recipiente di vetro che serve per contenere e trasportare liquidi, di solito vino (esistono da 5 litri, da 10 litri, ecc.).
massaia:	casalinga, colei che cura l'amministrazione della casa.
grossisti:	(grossista) che fa commercio all'ingrosso. Compra in fabbrica e vende ai negozi.
difensore:	che difende, che prende la parte di qualcuno.
fattura:	documento fiscale dove si indica l'elenco delle merci acquistate e il relativo costo.
parassita:	animale che vive utilizzando materiale organico di un altro essere vivente. Si dice di persone che nella società vivono senza produrre, ma utilizzando il lavoro degli altri.
coda tra le gambe:	umiliato, deluso.
fatturato:	insieme delle fatture emesse da un'impresa. Permettono di indicarne il volume di affari.
prendersela:	accusare qualcuno, dare la colpa a qualcuno.
dettaglio:	vendita in piccole quantità, non all'ingrosso.
esclusivista:	che vende in esclusiva, è l'unico negoziante a vendere un particolare tipo di merce.
smistato:	(smistare) dividere le merci e inviarle alle varie destinazioni.
orienta:	(orientare) indirizzare, consigliare verso determinate scelte.

I padroni dei prezzi
(da: Il *Mondo*, 1980)

Si lamentano con il fisco, ma sono una delle categorie col reddito più alto. Sono anche moltissimi, 900 mila, e continuano ad aumentare. E più sono piccoli, più spingono in alto i prezzi...

COMMERCIANTI: Manager o bottegai?

Qual è il vero volto dei commercianti italiani? Chi sono, come operano, quanto guadagnano i signori dei prezzi? Chi si organizza in forme più moderne e chi invece rimane aggrappato alla vecchia e superata bottega? Il Mondo è andato alla ricerca, in varie città italiane, di personaggi particolarmente rappresentativi del mondo del commercio, in tutte le sue articolazioni. Ecco qualche esempio.

Mario Invernizzi: grossista. Ogni giorno gli arrivano camion di frutta e verdura da tutta Italia e da 40 anni Mario Invernizzi presidente dell'associazione dei *grossisti* ortofrutticoli, continua a rifornire i negozi di tutta Milano. L'unica cosa che è cambiata in questi anni è che adesso per fare i conti non tiene più la matita dietro l'orecchio e il bloc-notes in tasca, ma usa l'elaboratore elettronico col videoterminale. *Difensore* dell'onestà fiscale dei suoi colleghi ("ogni chilo di frutta che entra ed esce dall'ortomercato ha la sua regolare *fattura*"), ritorce l'accusa di gonfiare i prezzi sui dettaglianti.
Il grossista, secondo Invernizzi, non è né uno speculatore né un *parassita*. "Noi abbiamo una precisa funzione e tutti quelli che hanno cercato di saltarci adottando la formula "dal produttore al consumatore" sono poi tornati con la *coda tra le gambe* dai grossisti.

Adriano Moro: dettagliante. "La gente se la prende sempre con i commercianti", si lamenta Adriano Moro, due drogherie in Milano con un *fatturato* di 380 milioni l'anno, presidente del sindacato nazionale droghieri, aderente alla Confcommercio. "Li capisco, perché quando devo spendere 100 mila lire per un paio di scarpe o 20 mila per una cravatta mi arrabbio anch'io. Ma *prendersela* proprio con noi, che siamo l'ultima ruota del carro, questo proprio no".

Marco Pizzi: un grossista di scarpe. A 11 anni ha cominciato a lavorare con lo zio in un magazzino di 40 metri quadri. Ora, a 39, Marco Pizzi, uno dei 25 maggiori grossisti di scarpe di Vigevano, di metri quadri a sua disposizione ne ha 5 mila, divisi fra il deposito vero e proprio e un enorme negozio di vendita al *dettaglio*.
Il bilancio della Pizzi & C. parla di un fatturato di oltre 3 miliardi, un totale di mezzo milione di paia di scarpe fornite da cento ditte *esclusiviste* e rivendute a più di mille negozi. Parte di questo stock finisce all'estero, in Svezia, Germania, Svizzera, Arabia. Il resto viene *smistato* in tutta Italia. Tutto il lavoro è sulle spalle di 15 collaboratori.
Pizzi la moda la segue in proprio e *orienta* i fornitori sulla scelta dei colori e delle linee dell'anno. "Uso il sistema giapponese", spiega, "compro i *campionari* in Francia e li faccio riprodurre qui". Ma all'estero non acquista solo i campionari. Importa da Spagna, Corea, Cina e India 200 mila paia di scarpe l'anno a prezzi molto inferiori di quelli locali. "Da quelle parti", dice, "non ci sono tutti i problemi sindacali che esistono da noi e i prodotti sono estremamente *concorrenziali* ".

Marco Trimani. "Le tasse e la morte sono inevitabili". È uno degli slogan che più spesso ama ripetere Marco Trimani, titolare della più vecchia *enoteca* di Roma. La ditta Trimani vende vino a Roma in Largo di Panico già dal 1821.
Alla quarta generazione della dinastia, il negozio è stato trasferito in via Goito.
L'attuale *gestore* Marco Trimani, si è laureato in economia a Roma nel '56. "La nostra politica commerciale è stata sempre fondata sulla soddisfazione di tutte le fasce di mercato tradizionalmente legate allo *spaccio* di vini e oli", spiega Trimani, "i nostri prodotti vanno dalla bottiglia di Brunello di Montalcino da diecimila lire alla *damigiana* di Frascati per la *massaia* di quartiere".
Il fatturato è tenuto segretissimo. I concorrenti parlano di un giro d'affari per oltre 1 miliardo.

Dodici regole per evitare guai

(da: *Altroconsumo*, gennaio 1992)

Meglio prevenire che guarire: sembra scontato ripeterlo? Non troppo, visto che secondo i nostri legali gran parte dei problemi potrebbe essere evitata se i consumatori seguissero con scrupolo queste poche ma fondamentali regole.

1. *Firmare vuol dire impegnarsi*

Una volta firmato un contratto, un ordine, e così via, sarà molto difficile riuscire ad opporsi alle condizioni descritte sul fronte o sul retro del foglio firmato... Ricordate quindi di non firmare niente senza prima avere letto attentamente ogni cosa a mente lucida...

2. *Conservare la documentazione*

Esigete e conservate sempre una copia dell'ordine, della fattura, della bolla di consegna, della garanzia e così via. È la prova scritta dei vostri diritti e doveri. Se il rivenditore non ve la lascia spontaneamente, insistete perché lo faccia; è un vostro diritto...

3. *Un buono d'ordine è un contratto di acquisto*

Deve essere chiaro, preciso, inequivocabile perché specifica i diritti e i doveri di ciascuno in modo vincolante. Per quanto riguarda il prezzo, in particolare, controllate che sia fisso e tutto compreso...

4. *La legge vuole prove scritte*

Fate mettere nero su bianco le promesse del venditore (il trasporto o il montaggio compreso nel prezzo, una fornitura gratuita, e così via). Sempre meglio confermare con una lettera gli accordi presi per telefono...

5. *Pagare significa accettare*

Pagare senza alcuna riserva è un comportamento che può essere interpretato come accettazione delle condizioni, come riconoscimento della consegna o di un servizio. Se, malgrado le vostre obiezioni, siete nella condizione di dover comunque pagare (per esempio la bolletta del telefono, della luce, un viaggio o il garage che custodisce la vostra auto), fatelo: ma scrivete chiaramente le vostre riserve...

6. *Attenzione alla consegna*

Se vi consegnano qualcosa a casa non pagate mai prima di aver controllato che si tratti di quello che avete effettivamente ordinato e che la merce in questione non sia incompleta, rovinata o spaiata. Se la merce consegnata non corrisponde all'ordinazione oppure è rotta o sciupata, rifiutatela e non pagate. Scrivete sulla bolla di accompagnamento il motivo per cui rifiutate la consegna...

7. *Chiedere il preventivo*

Prima di una riparazione chiedete il preventivo di spesa...

8. *Doppia attenzione per il porta a porta*

Non si può generalizzare, ma spesso le vendite porta a porta e per corrispondenza sono un terreno fertile per gli abusi: il prezzo pagato è eccessivo, la qualità della merce mediocre, le condizioni di vendita decisamente svantaggiose per il consumatore e non è sempre possibile ripensarci.

9. *Comprare al mercato*

Attenzione in particolar modo ai prodotti miracolosi, ai mobili antichi agli orologi "preziosi" venduti a prezzi troppo bassi...

10. *I corsi per corrispondenza*

Quando sono troppo cari, diffidate. Se vi promettono un impiego a condizione di seguire prima un corso di formazione caro e a vostre spese, diffidate ancora di più...

11. *Offerte di lavoro*

Se vi chiedono di pagare prima di saperne di più, rifiutate sempre. Spesso questo genere di offerte sono specchietti per le allodole e dopo aver pagato magari scoprite di avere acquistato materiale per decorare oggetti. Si presentano sempre come vaghe offerte di lavoro a domicilio.

12. *Consultare un avvocato?*

Nei casi più complessivi, può essere utile consultare un avvocato per chiarirsi le idee e, qualche volta, per dare maggior peso alle vostre contestazioni. Anche questo è stato un modo di dimostrare alla parte avversa che si intende fare sul serio. Non necessariamente il parere di un avvocato costa caro, ma è sempre meglio chiedere prima a quanto ammonterà la parcella per la sua assistenza.

Indagine, vi piace Roma fuori orario?

I tempi della città non vanno d'accordo con i tempi di chi in città vive e lavora. E, questa, una di quelle verità che trovano conferma davanti ai nostri occhi, ogni giorno dell'anno: ce la dimostrano le lunghe file di auto di quanti si recano al lavoro alla stessa ora, le saracinesche dei negozi abbassate proprio quando, liberi dagli impegni, potremmo dedicarci agli acquisti. Sembra un'inevitabile jattura, ma non lo è: è solo un problema di organizzazione e l'organizzazione della nostra vita siamo noi a darcela. O meglio, così sarebbe giusto che fosse.

Per tentare di capire almeno una parte di questa matassa, all'apparenza inestricabile, proponiamo ai nostri lettori un questionario curato per la Federconsumatori (l'Associazione regionale dei consumatori e degli utenti), da una società che fa indagini demoscopiche. Rispondendo alle domande proposte i romani potranno così contribuire a delineare il profilo della città ideale, almeno per ciò che riguarda gli acquisti. Per farlo bisogna compilare il questionario che segue, strappare accuratamente la pagina e spedirla in busta chiusa e regolarmente affrancata a: FEDERCONSUMATORI LAZIO - Via Goito, 39 - 00185 - ROMA. Per altre informazioni, tel. 702.72.08.

ORARIO DEI SERVIZI COMMERCIALI ALIMENTARI

1) **Quali sono gli orari in cui effettui di preferenza gli acquisti di generi alimentari**
estate
☐ dalle.....................
☐ alle.....................
inverno
☐ dalle.....................
☐ alle.....................

Attualmente gli orari dei negozi di generi alimentari sono: 7.30/13.30 - 17.00/19.30 invernale, 17.30/20.00 estivo

2) **L'orario invernale corrisponde alle tue esigenze**
☐ Sì
☐ No
☐ parzialmente

3) **L'orario estivo corrisponde alle tue esigenze**
☐ Sì
☐ No
☐ parzialmente

4) **Vorresti che l'orario di apertura fosse anticipato**
☐ Sì
☐ No

5) **Vorresti che l'orario di chiusura fosse anticipato**
☐ Sì
☐ No

6) **Trovi comodo, ti sarebbe utile l'orario continuato**
☐ Sì
☐ No

7) **Troveresti comodo un prolungamento dell'orario di apertura (fino alle ore 22.00) per un giorno alla settimana?**
☐ Sì
☐ No

8) **Riterresti opportuna una chiusura diversificata in modo da mantenere aperti per tutti i pomeriggi della settimana alcuni negozi di alimentari**
☐ Sì
☐ No

9) **Nei giorni festivi i com**merciati di generi alimentari, tranne rare eccezioni, sono chiusi
- ritieni opportuno avere dei servizi aperti
tutti:
☐ Sì
☐ No
solo alcuni:
☐ Sì
☐ No
se solo alcuni quali.........

10) **Dove di solito acquisti i generi alimentari (anche più di una risposta)**
☐ negozi
☐ supermercati
☐ ipermercati
☐ mercati

11) **Ti rivolgi di preferenza allo stesso negozio**
☐ Sì
☐ No

ORARI DEGLI ALTRI ESERCIZI COMMERCIALI

Generalmente gli orari degli esercizi commericali sono: 9.00/13.00 - 15.30/19.30 (invernale), 16.00/20.00 (estivo). In inverno chiusura il lunedì mattina - in estate il sabato pomeriggio.

12) **Questi orari corrispondono alle tue esigenze**
☐ Sì
■ No
☐ parzialmente

13) **Vorresti che l'orario di apertura fosse anticipato**
☐ Sì
☐ No

14) **Vorresti che l'orario di chiusura fosse anticipato**
☐ Sì
☐ No

15) **Trovi comodo, ti sarebbe utile, l'orario continuato**
☐ Sì
☐ No

16) **Troveresti comodo un prolungamento dell'orario di apertura (fino alle ore 22.00) per un giorno** alla settimana
☐ Sì
☐ No

17) **Riterresti opportuna una chiusura settimanale diversificata in modo da mantenere aperti per tutti i giorni della settimana i diversi esercizi commerciali**
☐ Sì
☐ No

18) **Nei giorni festivi gli esercizi commerciali, tranne rare eccezioni sono chiusi Ritieni opportuno avere dei servizi aperti**
tutti:
☐ Sì
☐ No
solo alcuni:
☐ Sì
☐ No
se solo alcuni quali.........
....

19) **Nei giorni festivi quale tipo di città preferisci**
☐ una città che funzioni a ritmo pieno come gli altri giorni
☐ una città silenziosa che si riposa
☐ una città in cui sono aperti solo alcuni servizi (mostre, alcuni mercati, qualche negozio)

PROFILO DEL CONSUMATORE

20) **Quanti anni hai.........**

21) **Qual è il tuo titolo di studio**
☐ licenza elementare
☐ licenza scuola media
☐ diploma/maturità
☐ laurea

22) **Qual è il tuo stato civile**
☐ nubile/celibe
☐ coniugato/o - convivente
☐ divorziata/o
☐ separata/o
☐ vedova/o

23) **Hai figli**
☐ Sì
Quanti...................
Che età...................
☐ No

24) **Qual è la tua attività lavorativa**
☐ casalinga
☐ studentessa/studente
☐ disoccupata/o in cerca di occupazione
☐ pensionata/o
☐ operaia/o, commessa/o, altro lav. dip.
☐ negoziante, artigiana/o, coadiuv.
☐ libero prof. / dirigente / imprenditore

25) **Se stabilmente occupata/o qual è il tuo orario di lavoro (per chi svolge lavoro a turni indicare l'orario dell'ultimo turno)**
ora inizio..................
ora fine...................

26) **Rientri a casa durante la sosta del mezzogiorno**
☐ Non ho sosta
☐ Sì
☐ No

27) **Il tempo di trasporto (andare e venire dal lavoro) quanto mediamente ti occupa**
☐ meno di 1/2 ora
☐ da 1/2 ora a 1 ora
☐ da 1 ora a 1 ora e 1/2
☐ più di 1 ora e 1/2

28) **Quale mezzo di trasporto usi abitualmente**
☐ pubblico
☐ privato

29) **Chi fa abitualmente la spesa di generi alimentari nel nucleo familiare**
☐ tu stessa/o
☐ marito/moglie - convivente
☐ madre/suocera
☐ altre persone..........

30) **In quali giorni della settimana**
☐ un poco tutti i giorni
☐ lunedì
☐ martedì
☐ mercoledì
☐ giovedì
☐ venerdì
☐ sabato
☐ oppure periodicamente ogni quanto..............

Appunti plus

APPUNTI PLUS - Supplemento a Carta Sicura n .5
EDITRICE - S.E.M. s.r.l. - Via Garofalo,19 - 20133 Milano - Tel. 02/29525614

CARTA VINCENTE

UN CONFRONTO TRA CONTANTE, ASSEGNO E CARTA DI CREDITO

Economica, pratica, sicura: la carta di credito è il futuro? Vediamola in un confronto con le più tradizionali forme di pagamento

Pagare costa e non si tratta di un gioco di parole. Infatti, tutte le volte che paghiamo dobbiamo sostenere, oltre al costo d'acquisto della merce, anche quello relativo al mezzo di pagamento utilizzato.

Un costo che varia rispetto alla forma di pagamento (contanti, assegno o carta di credito) e che contribuisce a rendere questi mezzi più o meno "costosi". Ma come è più conveniente pagare?

Forse oggi la moneta elettronica o, come più comunemente si dice, la "monetica" rappresenta il mezzo di pagamento che racchiude in sè peculiari qualità di sicurezza, praticità, economicità.

Un confronto tra le diverse forme di pagamento può essere utile per capire vantaggi e svantaggi di ciascuna di esse.

IL CONTANTE

Il fascino dei soldi è indiscutibile. E' il più antico, umano e sperimentato modo di pagare, talmente antico che nessuno sa chi lo ha inventato. Il denaro è il mezzo di scambio per eccellenza e perciò ha il grande vantaggio di poter essere usato sempre e ovunque, ma presenta anche diversi inconvenienti. Ad esempio il denaro è scomodo da portare in tasca, è il bersaglio principale di ladri e malfattori, occupa

spazio, se si perde o si dimentica in luoghi pubblici la perdita è irreparabile.

Non è prudente tenerne troppo con sè perchè chi ha troppi soldi in tasca si espone più facilmente al rischio di furti, rapine e truffe. All'estero e in viaggio è difficile prevedere le proprie esigenze di spesa e quindi spesso si cambia valuta più del necessario. Anche per il commerciante la presenza in negozio di denaro contante rappresenta motivo di preoccupazione. Nonostante tutto, però il denaro resta un mezzo di scambio insostituibile e indispensabile, anche se la tendenza in atto nei paesi industrializzati indica che il contante è usato solo per acquisti di fascia bassa.

L'ASSEGNO

E' il mezzo preferito per i grandi pagamenti, quelli per intenderci dal milione in su (l'acquisto di un'auto o un immobile) che in genere non sono da considerare "consumi" in senso stretto, ma veri e propri trasferimenti di fondi.

I vantaggi che presenta l'uso dell'assegno è che può essere "speso" in un qualsiasi esercizio o regolare un conto tra privati, e può essere spedito per posta.

I principali inconvenienti dell'assegno sono rappresentati dai furti e dalle fre-

quenti truffe favorite dalla impossibilità di controllare in tempo reale la circolazione degli assegni e dalla diffusione di sistemi di riproduzione molto sofisticati (come, ad esempio, le stampanti laser), dall'obbligo di doversi recare in banca a ritirare il libretto o a cambiare l'assegno.

LA CARTA DI CREDITO

La "moneta elettronica" al contrario del contante non occupa spazio perchè si presenta come un leggerissimo rettangolino di plastica di pochi centimetri per lato. Offre la possibilità di spendere una cifra comunque elevata a partire da un tetto mensile prestabilito e permette a chi la usa di pagare anche somme superiori a quelle di cui materialmente si dispone grazie al sistema del rimborso rateale.

E' un sistema sicuro, sia per il titolare che per l'esercente, perchè non espone ai rischi di furti e rapine mentre i rischi di frode o di abuso sono ridotti al minimo perchè per "bloccare" una carta rubata o smarrita è sufficiente una telefonata alla società che gestisce il servizio.

In Italia e all'estero la carta di credito è ormai il modo di pagamento più facile e, se si tiene conto della possibilità di ottenere contanti dagli sportelli automatici e dalle banche convenzionate, anche il più flessibile.

Inoltre le carte di credito offrono numerosi servizi senza costi aggiuntivi. Per questo la moneta elettronica raccoglie ogni giorno nuovi estimatori che si aggiungono alla già lunga lista di "titolari".

Malgrado ciò, c'è chi continua a guardarla con sospetto, forse perchè non vuole rinunciare a ostentare quello che considera il simbolo della ricchezza e del potere: i soldi.

Certo non sarà facile rimpiazzare il denaro, un mito spesso soggetto (conteso) di romanzi, film, canzoni.

Ma la tessera di plastica, che nella magica banda magnetica nasconde tutti i segreti del suo "portatore", proprio nella misteriosa semplicità nasconde il suo potere di seduzione, il suo fascino.

(da: *la Repubblica*, pubblicità elettorale PDS)

Per la tua eleganza

(da: Grand'Hotel, n.7, 17 febbraio 1980)

1. SABRINA di Frosinone

"Sono una giovanissima lettrice dodicenne, vesto quasi sempre in pantaloni e soprattutto in modo sportivo. Vorrei un suggerimento per un completo adatto a me".

2. MARIA di Cava

"Mi sposo in aprile e ho diciassette anni. Vorrei un abito esclusivo, ma non stravagante, mi piacciono i modelli romantici e le acconciature con velo lungo".

Puoi realizzare questo delizioso tailleur in panno blu. I pantaloni hanno le pinces e sono stretti in fondo. Il giacchino corto è chiuso da quattro grossi bottoni ed ha il collo a scialle. Cintura a righe blu e rosse su camicia bianca.

Ecco un abito delizioso adatto alla tua giovane età. Puoi realizzarlo in ottoman oppure in picché pesante. Il corpetto allacciato sul dorso ha due volants che corrono ai lati nascondendo l'attaccatura delle maniche. La gonna è arricciata e stretta in vita da alto nastro colorato: rosa, azzurro o giallo. In testa tamburello di fiori che trattiene il velo lungo.

144

Caffettiera napoletana

L'ITALIA AL CAFFÈ

(da: *Pubblico Esercizio*, n. 5, gennaio 1987)

HOT MOKA O ALL'AMERICANA: il caffè che si beve nel mondo anglosassone o nel Nord Europa, nei paesi germanici e negli Stati Uniti, si prepara con macchine a filtro, basato sul sistema detto "goccia a goccia", l'acqua viene posta in un recipiente che va sul fuoco; quando bolle sale nel recipiente soprastante, passa attraverso la polvere di caffè e un filtro strategicamente disposto scendendo come bevanda. Il risultato è lontanissimo dal nostro concentrato, tonificante, cremoso, nettare da centellinare al bar o prepararsi in casa con la moka. Particolarmente energetico e tonificante, l'hot moka ha la sua origine sulle coste californiane, tanto da definirlo anche *Californian taste*. La provenienza sembra però essere piuttosto incerta e testimoniare l'infiltrazione della cultura orientale.

NAPOLETANA: la vecchia napoletana è stata la macchinetta per il caffè più diffusa fino agli Anni Cinquanta. Quando l'acqua bolle, la macchinetta di latta si capovolge e l'acqua cola attraverso il filtro. Eduardo De Filippo ha immortalato questo caffè in una famosa scena della commedia "Questi fantasmi".

ESPRESSO: è un prodotto tipico italiano dal gusto e dall'aroma intensi. La sua particolarità deriva dalla tostatura molto forte. L'espresso è stato "inventato" da un napoletano impaziente che considerava troppo lenta la caffettiera e propose a un'ingegnere di escogitare un metodo per mettere sotto pressione l'acqua. La regola per ottenere il migliore espresso è: 30 secondi di evaporazione con acqua a 90 gradi e a 9 atmosfere di pressione. Per fare un espresso servono 6-7 grammi di caffè tostato e macinato finemente.

RISTRETTO: è il caffè più richiesto al bar; si ottiene facendo scendere meno acqua dalla macchina, ma utilizzando la stessa dose di caffè dell'espresso. Ma il caffè può essere anche "lungo" o "alto" e si ottiene utilizzando la stessa dose di miscela ma facendo scendere più acqua.

TAZZINA: in una tazzina ci sono 80 mg. di caffeina e circa due calorie, che ovviamente aumentano con lo zucchero o il latte. Ma si può bere anche in piccoli bicchieri. In alcuni bar di Napoli e Roma è addirittura "obbligatorio" gustarlo in vetro.

TOSTATURA: è solo grazie al calore se i chicchi sviluppano i principi aromatici. La temperatura necessaria per la tostatura è di 200-230 gradi, così gli zuccheri caramellano e la cellulosa viene carbonizzata. La tostatura più scura è caratteristica del napoletano. Il grado di tostatura varia a seconda dei gusti dei consumatori. In Italia settentrionale si usa la tostatura più chiara.

Fu l'Arabia per prima a impiegare le bacche del caffè per una bevanda chiamata "kahwah", parola che in arabo significa forza.

Espresso mediterraneo (Renzo Di Mauro, Coop)

IL MIGLIORE ... QUELLO DEL MATTINO

DI SOLITO COME PRENDE IL CAFFÈ?

❏ espresso
❏ macchiato
❏ normale
❏ decaffeinato
❏ lungo
❏ doppio

QUANTI CAFFÈ BEVE AL GIORNO?

❏ fino a 3
❏ da 4 a 5
❏ più di 5

IL CAFFÈ LE PIACE ...

❏ amaro/quasi amaro
❏ dolce
❏ molto dolce

TRA QUESTE TRE DEFINIZIONI SCELGA
QUELLA PER LEI PIÙ GIUSTA

❏ l'unico modo per svegliarsi al
mattino

❏ la scusa per "staccare" durante
il lavoro
❏ il compagno in ogni occasione
inseparabile

QUAL È IL CAFFÈ DEL QUALE NON
POTREBBE ASSOLUTAMENTE FARE A MENO?

❏ il primo (quello del mattino)
❏ quello che si beve dopo pranzo
❏ quello dopo cena

DOVE BEVE PIÙ VOLENTIERI IL CAFFÈ
ESPRESSO?

❏ in casa e al bar, indifferente-
mente
❏ a casa
❏ al bar

DOVE È SOLITO CONSUMARE LE SUE
TAZZINE DI CAFFÈ?

❏ sia in casa che al bar
❏ solo in casa
❏ solo al bar
❏ non lo bevo mai

Molti vostri clienti mettono latte nel caffé.
Non perché gli piace il latte, ma perché non gli piace il vostro caffé.

Se vi accorgete che sempre più spesso il vostro espresso all'italiana diventa un *café au lait*, correte ai ripari.

Vuol dire che il vostro caffè, per riuscire bevibile, ha bisogno di essere macchiato.

È soprattutto vuol dire che è ora di cambiare miscela, prima che i vostri clienti cambino bar.

Perché la reputazione del bar si gioca in una tazzina di caffè: la strada del successo comincia da un espresso senza macchia.

I baristi che preferiscono illycaffè non lo fanno solo per la sua qualità superiore. Perché illycaffè è un po' più caro degli altri, ma già nel macina-dosatore la sua resa è superiore del 10%. E poi, il premio verrà dai clienti: scegliendo illycaffè, che vi sarà fornito in esclusiva per la vostra area di vendita, avrete anche l'esclusiva dei clienti che cercano un espresso perfetto.

Quelli che, invece del latte, vi chiederanno un altro illycaffè.

ILLYCAFFÈ. ARTE E SCIENZA DELL'ESPRESSO.
Il nominativo dell'agente di zona è sull'elenco telefonico di ogni provincia alla voce illycaffè.

Per maggiori informazioni sull'arte e la scienza del caffè, o per arricchire la vostra cultura del caffè o per ricevere una nostra visita, spedite il tagliando a: illycaffè S.p.A., Via Flavia 110, 34100 Trieste.

NOME _____
COGNOME _____
VIA _____ N. ___
CAP _____ CITTÀ _____
❏ informazioni ❏ cultura ❏ visita

(da: *Pubblico esercizio*, n. 5, gennaio 1987)

146

GLI ITALIANI E IL VINO

(da: L'Espresso, 13 Luglio 1980)

Lei beve vino?

(Per "vino" si intende anche spumante e champagne)

Sì, abitualmente (tutti i giorni)	50.1%
Sì, abbastanza spesso (2/3 volte la settimana)	13.7%
Raramente (1/2 volte al mese)	8.0%
Occasionalmente	7.9%
Mai, quasi mai	8.6%
Sono astemio	11.6%

Quando lei beve vino durante il pasto, di media quanto ne beve?

Un bicchiere	54.5%
Due bicchieri	30.4%
Tre bicchieri	10.6%
Quattro bicchieri	2.3%
Cinque bicchieri ed anche più	0.5%
Non so	1.8%

A suo parere il vino fa bene o fa male alla salute?

Fa bene	8.2%
Fa bene se in dosi moderate	56.9%
In ogni caso non fa molto bene	9.5%
Fa male se bevuto in dosi eccessive	20.4%
Fa male	3.6%
Non so	1.3%

Lei in genere preferisce il vino bianco, quello rosso o quello rosato?

Il vino rosso	39.8%
Il bianco	29.3%
Il vino rosato	8.3%
Tutti e tre, nella stessa misura	12.6%
È indifferente	10.1%

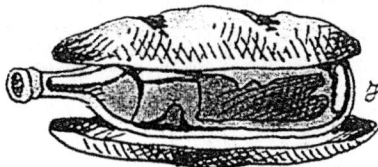

Per lei personalmente il vino è soprattutto:

(Indichi al massimo 2 risposte)

Un alimento complementare al cibo	62.9%
Una bevanda simpatica, per stare in compagnia	27.8%
Una bevanda che mi piace	27.4%
Un alimento utile all'organismo	21.6%
Un nemico della salute	8.7%
Una bevanda incompatibile con la vita moderna	3.2%
Una droga	2.9%
Altro	0.8%
Non so	2.7%

147

PAROLE DA INTENDITORE

Un glossario dei vocaboli più usati per definire il vino	
Abboccato	Vino in cui è avvertibile un gusto dolce.
Acerbo	Aspro, in genere quello rosso giovane che deve maturare.
Amabile	La percentuale di zuccheri è tra i 12 e i 45 grammi per litro; la sensazione di dolce è netta.
Ambrato	Con sfumature gialle, simili all'ambra. È il colore caratteristico dei vini da dessert; se invece sono i vini bianchi secchi ad assumerlo, significa che il vino è troppo invecchiato.
Equilibratro	Componenti di gusto e profumo in equa proporzione.
Fruttato	Profumo e sapori dominanti di frutta.
Generoso	Di grado alcolico elevato (oltre i 14 gradi).
Giovane	È il prodotto della vendemmia più recente.
Liquoroso	Struttura, gradazione alcolica e sapore simili a quelli dei liquori.
Ossidato o Marsalato	A causa di un prolungato contatto con l'aria (spesso per colpa del tappo) ha perso la freschezza e il suo gusto tipico.
Passito	Si ottiene con uve bianche o nere sottoposte per un certo tempo a un procedimento particolare, appassite su graticci o stuoie.
Secco	Vino nel quale, durante la fermentazione, lo zucchero si è trasformato completamente in alcool.
Tranquillo	È il prodotto che ha portato a termine la fermentazione e quindi non produce più anidride carbonica.

(da:*Vino in tavola*, a cura dell'editrice "Il Melo")

(da:*IL SOLE 24 ORE*, 1990)

TEMPERATURE

I valori consigliati in funzione delle diverse tipologie	
Vino	Gradi
Rosso invecchiato	16 - 18
Rosso giovane	14 - 16
Rosé	12
Bianco corposo	10 - 14
Bianco aromatico	8 - 10
Spumante e Champagne	6 - 8

148

UNA CANTINA PER TUTTI
Bastano 20 bottiglie per risolvere il problema.

(da: *Donna Moderna*, 1990)

VINO ROSSO

4 bottiglie di vino rosso importante (invecchiato almeno 4-5 anni):

    2 Barbaresco o Barolo
    2 Nobile di Montepulciano o Brunello
      di Montalcino

6 bottiglie di vino rosso di medio invecchiamento:

    2 Grignolino
    2 Cabernet o Refosco
    2 Aglianico del Vulture o Cirò rosso

VINO BIANCO

2 bottiglie di vino bianco dal gusto molto raffinato

    2 Gewurztraminer

2 bottiglie da scegliere tra:

    Tocai (nord Italia)
    Vernaccia di San Gimignano (centro)
    Regaleali (sud)

2 bottiglie di vino frizzante:

    Cartizze veneto o Sauvignon
    o Locorotondo spumante

    1 Moscato frizzante
    1 Vin Santo toscano
    1 Spumante classico italiano

E per finire:
1 Champagne francese!!!

LO SAPEVATE CHE:

(da: *IL SOLE 24 ORE*, 1990)

– La bottiglia non deve essere mai scossa né lavata.
– Il vino rosso va stappato qualche tempo prima di essere portato in tavola.
  L'operazione consente al vino di "respirare".
– I rossi invecchiati vanno serviti a "temperatura ambiente", ma si riferisce alle abitazioni del secolo scorso, in cui il termometro non segnava più di 16 - 17 gradi.
– Il vino bianco si beve fresco o freddo, secondo la qualità.
– Non bisogna lasciare per troppi giorni le bottiglie di vino bianco in frigorifero.
– Quando nel corso di un pasto vengono servite più qualità di vino è consuetudine passare dai bianchi aromatici ai bianchi secchi.
– È un errore offrire Champagne o spumanti secchi a fine pasto: vanno serviti come aperitivo.

La pasta

(di Stefania GIORGI e Patrizia MORISCO da: *Noi Donne*, 1980)

Si racconta di un'ancella cinese che amoreggiava con un marinaio italiano, proprio mentre impastava acqua e farina. Un colpo di vento malandrino ricoprì l'impasto con alcune foglie. Una tragedia: l'ancella spaventata scoppiò a piangere, ma l'aitante marinaio non si perse d'animo e le consigliò di passare quel pasticcio di farina e foglie al setaccio. L'impasto che ne uscì a fili sottili venne messo ad asciugare al sole. Sono nati gli spaghetti. Ingredienti: fascino latino, fantasia e ottimismo. Insomma: pasta e amore. I due termini sembrerebbero uniti sin dall'inizio.

Il maccherone è di nome e di fatto invenzione dei siciliani. Il termine deriva da "maccaruna", derivato a sua volta dal verbo siculo "maccari", che significa impastare con forza.

Una porzione media, all'incirca 130 grammi di spaghetti, fornisce circa 30 grammi di proteine: la metà del fabbisogno giornaliero di proteine per un uomo di media corporatura o per un ragazzo di 12-14 anni. Dopo un piatto simile, il pasto diventa completo con una razione di verdure cotte che copre gli altri fabbisogni di minerali e vitamine.

Era l'unico cibo dei lazzari napoletani del Seicento, che vivevano a centinaia per strada, dove erano nati poveri, anzi poverissimi. Lavoravano ogni giorno e ricevevano quel tanto che bastava per procurarsi un piatto di spaghetti, che per gli ingredienti semplici (acqua e semola di grano), aveva un costo basso. La pasta ha un suo valore nutrizionale. Fa ingrassare solo nel caso in cui se ne faccia un consumo eccessivo.

Come va cotta

(da: *La pastasciutta* di Veronelli, *Panorama,* 26 settembre 1974)

(1) L'acqua deve essere abbondante, un litro, o poco meno, ogni 100 grammi di pasta, e ben bollente.

(2) Buttare la pasta solo quando l'acqua (salata con 10 grammi di sale per litro) ha raggiunto la prima ebollizione. Attenzione, non in un sol colpo, ma poca alla volta, e mescolandola di continuo.

(3) Fare riprendere l'ebollizione, abbassare la fiamma e continuare la cottura al coperto, mescolando ogni tanto.

(4) La pasta va cotta al dente. Il tempo di cottura dipende dalla qualità della pasta.

(5) A cottura al dente, ritirare la pentola dal fuoco e scolare la pasta, bagnandola leggermente con poca acqua fresca.

(6) Il formaggio va messo prima della salsa, che deve essere ben calda.

La Regina Napoletana: la pizza

(da: *Il Gambero rosso*, Anno I, n.5)

È la *tortilla* del popolo napoletano.

"Cibo per poveri, da mangiare così, magari in piedi e magari in un angolo di strada sotto gli occhi di tutti".

Pizza, molto più di ciao, amore, papà, pare sia la parola italiana più diffusa nel mondo. In Italia la fortuna della pizza è recente, fino al 1962 si contavano nell'elenco telefonico di Milano solo sei pizzerie. La parola pizza in italiano ha tanti significati. Oggi pizza è qualsiasi oggetto schiacciato e di forma piatta, è una pellicola cinematografica e la sua scatola, è una persona, un discorso o uno spettacolo noioso; e può essere uno schiaffo forte.

Ci sono vari tipi di pizza ma quella vera, la madre di tutte le pizze, è quella napoletana, confezionata con farina, lievito naturale, sale e acqua. Il condimento è fatto di olio, pomodoro, origano, aglio, mozzarella, sale e basilico.

Ma adesso la pizza è a stelle e strisce, Pizza Hut, Pizza King, American Pizza. E gli americani che non amano i piatti con aspetto povero mettono nelle loro pizze salame, melanzane, carne macinata...

QUELLI DEL FAST FOOD

da: *Trovaroma*, n. 196 (supplemento al numero de *la Repubblica* 11/4/91)

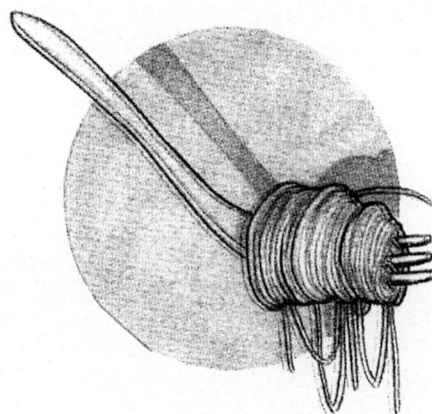

CONFESSIONI DI UN MILANESE
di Gianni Mura

Per uno che sta a Milano, l'impressione è che a Roma ci siano più posti dove si mangia, nell'intervallo di mezzogiorno, e meno posti dove si fa finta. Il discorso non riguarda tanto le mense aziendali, che si somigliano in tutta Italia, quanto l'abbondanza di trattorie a buon mercato. A Roma ci sono più trattorie perché a Roma c'è più gente disposta a mangiare a mezzogiorno, cioè fra le 13.30 e le 15.30 e questo dipende da vecchie abitudini, direi da una maggiore attenzione ai piaceri (grandi e piccoli) della vita. A Roma si resta stupiti, noi di Milano, della richiesta di caffè "al vetro" e del gran numero di "macchiati" che si possono ottenere. È solo un esempio. A costo di essere banali, è giusto ammettere che qualcosa di giusto c'è nei luoghi comuni. Un'ora coi piedi sotto al tavolo, a un milanese sembra un'eternità, tempo buttato via, e poi il cibo appesantisce, mentre un romano medio non ci trova niente di strano nel mangiare un piatto di pastasciutta e poi un secondo di carne (quei bei secondi di trattoria, il baccalà, la trippa, lo spezzatino, l'arrosto di punta).

METAMORFOSI DEL BAR
di Marco Santarelli

Ecco il tipico pranzo al bar, a colpi di panini imbottiti, freddi, incelofanati, dalle salse trabordanti il panino, ma sempre assai invitanti; ecco le pizze romane e i panini integrali, oltre ai classici tramezzini. In questo ambito la fantasia non ha limiti (o, almeno, non dovrebbe averne) per cui si va dal pomodoro e tonno, o con la mozzarella, ai più sofisticati con i frutti di mare. Altro appuntamento tipico del "bar-ristorante" era e rimane la pizza romana, per la quale occorre aprire un capitolo a parte: come non celebrare la pizza bianca, quella del fornaio, con un velo d'olio in superficie, aperta a metà e farcita - almeno fino a qualche tempo fa - con la mortadella? Gradualmente, quel bel bocconcino, si è trasformato e il posto della mortadella è stato preso dalla mozzarella, dal pomodoro, dal prosciutto cotto, dalla ricotta e, quando è stagione, anche dai fichi: un vero e proprio gioiello della gastronomia. E nei bicchieri? Durante un pasto veloce (o frettoloso) sono in molti a preferire un prosecco, o comunque un bicchiere di vino bianco, anche se il cappuccino continua ad essere scelto.

151

INCOLLA QUI I TUOI RITAGLI DI GIORNALE

"Vita spericolata"

di Vasco Rossi - T. Ferro
ed.Star/Targa Italiana/Curci - Milano

Voglio una vita maleducata
di quelle vite fatte fatte così
voglio una vita che se ne frega
che se ne frega di tutto, sì
voglio una vita che non è mai tardi
di quelle che non dormono mai
voglio una vita di quelle che non si sa mai
e poi ci troveremo come le star
a bere del whisky al Roxy Bar
o forse non ci incontreremo mai
ognuno a rincorrere i suoi guai
ognuno col suo viaggio ognuno diverso
e ognuno in fondo perso dentro i fatti suoi
voglio una vita spericolata
voglio una vita come quella nei film
voglio una vita esagerata
voglio una vita come Steve McQueen
voglio una vita che non è mai tardi
di quelle che non dormi mai
voglio una vita la voglio piena di guai
e poi ci troveremo come le star
a bere del whisky al Roxy Bar
oppure non ci incontreremo mai
ognuno a rincorrere i suoi guai
ognuno col suo viaggio ognuno diverso

e ognuno in fondo perso dentro i fatti suoi
voglio una vita maleducata
di quelle vite fatte così
voglio una vita che se ne frega
che se ne frega di tutto, sì
voglio una vita che non è mai tardi
di quelle che non dormi mai
voglio una vita vedrai che vita vedrai
Noi ci troveremo come le star
a bere del whisky al Roxy Bar
oppure non ci incontreremo mai
ognuno a rincorrere i suoi guai
e poi ci troveremo come le star
a bere del whisky al Roxy Bar
oppure non ci incontreremo mai
ognuno a rincorrere i suoi guai
voglio una vita spericolata
voglio una vita come quella nei film
voglio una vita esagerata
voglio una vita come Steve McQueen
voglio una vita maleducata
di quelle vite fatte così
voglio una vita che se ne frega
che se ne frega di tutto, sì!

Ogni anno, in Italia, 4 milioni di persone si dedicano ad opere di volontariato. Superuomini? No, gente normale. Che però ha aggiunto qualcosa alla propria vita: la possibilità di rendersi utile al prossimo. Servono altri come loro: cose da fare ce ne sono tante. Stare vicino a chi soffre perché è malato, solo o emarginato. Aiutare chi è senza casa o senza lavoro. Dare una mano a chi già opera nel campo della tossicodipendenza e dell'infanzia. Proteggere i beni ambientali e culturali. Lo Stato non può, e non riesce, ad arrivare a tutto. Le organizzazioni di volontariato diventano così l'unica risorsa capace di trasformare il contributo di ognuno, anche il più piccolo, in una concreta ricchezza per la società. In ogni città ci sono associazioni, laiche e religiose. Scegliete pure quella che preferite e chiamatela: ha senz'altro bisogno di persone. Speciali come voi.

Volontariato. Lo straordinario di ogni giorno.

PUBBLICITÀ PROGRESSO

Per essere utili agli altri, non serve volare.

Basta volere.

PARTE SETTIMA

TEMI D'OGGI

"Vita spericolata" di Vasco Rossi - T. Ferro
Volontariato
Droga: avrà mai fine?
Mafia
Siamo razzisti?
Assistenza sanitaria agli immigrati
Guerra e pace
Maestri di dialetto
Il galateo ovvero le buone maniere
La crisi dell'incontro

Droga: avrà mai fine?

(da: *Donna Moderna*, n. 2, 1989)

"Ricovero obbligatorio"

Chi si droga o è un piccolo spacciatore, potrà usufruire della sospensione della pena solo se decide di iniziare una terapia di recupero. Ma, *se rifiuta o abbandona la terapia scatta la condanna.* "Non è forse questo una sorta di "ricovero coatto"?" si chiedono perplessi molti operatori. "Non è certo per crudeltà: il genitore deve capire che non ha più a che fare con il bravo ragazzo di prima, ma con una persona la cui volontà è annullata dalla droga. *Solo pochissimi accettano spontaneamente il ricovero.* La maggior parte non se lo sogna nemmeno, pensa sempre: "io ce la faccio da solo, io la controllo ...". Se fossero capaci da soli di decidere di curarsi la tossicomania non sarebbe il dramma che è. Perché maturi in loro la volontà di guarire bisogna prima farli uscire dalla dipendenza della droga, e per farlo *la costrizione è spesso inevitabile*".
Alberto Madeddu, psichiatra e fondatore del CAD (Centro Aiuto Drogati) è favorevole a forme di ricovero coatto: "Credo che, in caso di recidiva, un provvedimento restrittivo tipo lavoro obbligatorio (dopo una terapia disintossicante o un trattamento comunitario) in certi casi sarebbe utile al tossicodipendente, alla famiglia e alla società". Gran parte delle comunità di recupero sono invece contrarie alla punizione del drogato. *"Il 'tossico' non ha paura di morire, figuriamoci se ha paura di una multa o di un ricovero coatto"*, ha dichiarato don Mario Picchi, presidente del CEIS (Centro Italiano di Solidarietà, che riunisce decine di comunità).
I pro e i contro, come si vede, sono molti. Perfino tra gli stessi tossicomani, c'è anche qualcuno che ammette l'utilità di una punizione. "Ci sono stato quasi un anno in una comunità" dice Alberto, ex-tossicomane, "ma non è servito a niente, appena fuori ho ripreso a 'farmi'. Mi scoccia ammetterlo, ma se sono uscito dall'eroina è perché sono andato in galera. Quell'esperienza mi ha dato uno choc che mi ha permesso poi di tagliare i ponti con la 'roba' ".
Solo su due cose tutti gli addetti ai lavori sono d'accordo. *La necessità di una maggiore lotta al grande traffico di droga,* che ha assunto dimensioni degne di un bilancio statale (guadagni per 30 mila miliardi di lire solo in Italia), *e il potenziamento delle strutture statali per la prevenzione e per la cura.*

EFFETTI e DANNI

Eroina
Effetti: procura la sensazione di forte benessere, diffuso rilassamento e eliminazione di tutti i problemi.
Danni: causa rapidamente dipendenza fisica e psichica e tolleranza (necessità di aumentare la dose). In caso di brusca interruzione dell'assunzione c'è la "crisi di astinenza", con insonnia, ansietà, nausea, dolori addominali, tremori.

Cocaina
Effetti: dà euforia e sensazione di acume mentale, eccitazione, diminuzione delle inibizioni, indifferenza al dolore, alla fame.
Danni: provoca dipendenza psichica, ma non fisica.

Crack
Effetti: simili a quelli procurati dalla cocaina per endovena. Viene fumata e passa dai polmoni al cervello in pochi secondi.
Danni: provoca gravissimi problemi fisici e psichici: la dipendenza e la tolleranza sono accentuate, e così pure il rischio di *overdose*.

Anfetamine
Effetti: simili a quelli della cocaina, stimola il comportamento violento.
Danni: in caso di intossicazione cronica può causare depressione, astenia psichica, apatia e abulia.

LSD
Effetti: allucinazioni visive, auditive.
Danni: se preso in quantità eccessiva può provocare palpitazioni, tachicardia, confusione mentale, delirio persecutorio, ansia, depressione. Talvolta spinge al suicidio per l'ingannevole sensazione di "essere in grado di volare".

Ecstasy
Effetti: sono quelli delle anfetamine combinati con quelli di allucinogeni tipo Lsd. Provoca euforia, aumento della sensibilità e della passionalità.
Danni: accelera il battito cardiaco e aumenta la pressione sanguigna, con esito potenzialmente letale. Esperimenti proverebbero che l'ecstasy provoca danni cerebrali.

Hashish e Marijuana
Effetti: varia a seconda della sostanza usata (l'olio di hashish è il più potente). Genera uno stato euforico, rilassa, modifica le percezioni auditive e visive.
Danni: l'uso prolungato, anche a dosaggi medi, molto spesso non produce alterazioni fisiche e psichiche di rilievo.

MAFIA

1961
Leonardo Sciascia scrive *Il giorno della civetta*. In un paese siciliano il capitano dei carabinieri Bellodi, un capitano dei carabinieri settentrionale, sta svolgendo delle indagini per scoprire gli autori di alcuni misteriosi delitti. Il brano che segue presenta un importante colloquio che si svolge fra lui e Don Mariano Arena, un capomafia, che con poche, efficaci parole tratteggia la sua visione dell'umanità.

– Non mi preoccupo mai di niente - disse don Mariano.

– E come mai?

– Sono un ignorante; ma due o tre cose che so, mi bastano: la prima è che sotto il naso abbiamo la bocca: per mangiare più che per parlare ...

– Ho la bocca anch'io, sotto il naso - disse il capitano - ma le assicuro che mangio soltanto quello che voi siciliani chiamate il pane del governo.

– Lo so: ma lei è un uomo.

– E il brigadiere? - domandò ironicamente il capitano indicando il brigadiere D'Antona.

– Non lo so - disse don Mariano squadrando il brigadiere con molesta, per il brigadiere, attenzione.

– Io - proseguì poi don Mariano - ho una certa pratica del mondo; e quella che diciamo l'umanità, e ci riempiamo la bocca a dire umanità, bella parola piena di vento, la divido in cinque categorie: gli uomini; i mezz'uomini, gli ominicchi, i (con rispetto parlando) pigliainculo e i quaquaraquà... Pochissimi gli uomini, i mezz'uomini pochi, ché mi contenterei l'umanità si fermasse ai mezz'uomini... E invece no, scende ancora più giù, agli ominicchi: che sono come i bambini che si credono grandi, scimmie che fanno le stesse mosse dei grandi... E ancora più in giù: i pigliainculo, che vanno diventando un esercito... E infine i quaquaraquà: che dovrebbero vivere con le anatre nelle pozzanghere, ché la loro vita non ha più senso e più espressione di quella delle anatre... Lei, anche se mi inchioderà su queste carte come un Cristo, lei è un uomo...

– Anche lei - disse il capitano con una certa emozione. E nel disagio che subito sentì di quel saluto e come un cieco ricostruisce nella mente, oscuro ed informe, il mondo degli oggetti, così don Mariano ricostruiva il mondo dei sentimenti, delle leggi, dei rapporti umani. E quale altra nozione poteva avere del mondo, se intorno a lui la voce del diritto era stata sempre soffocata dalla forza e il vento degli avvenimenti aveva soltanto cangiato il colore delle parole su una realtà immobile e putrida?

– Perché sono un uomo: e non un mezz'uomo o addirittura un quaquaraquà? – domandò con esasperata durezza.

– Perché - disse don Mariano - da questo posto dove lei si trova è facile mettere il piede sulla faccia di un uomo: e lei invece ha rispetto... Da persone che stanno dove sta lei, dove sta il brigadiere, molti anni addietro io ho avuto offesa peggiore della morte: un ufficiale come lei mi ha schiaffeggiato; e giù, nelle camere di sicurezza, un maresciallo mi appoggiava la brace del suo sigaro alla pianta dei piedi, e rideva... E io dico: si può dormire quando si è stati offesi così?

– Io dunque non la offendo?

– No: lei è un uomo – affermò ancora don Mariano.

– E le pare cosa da uomo ammazzare o fare ammazzare un altro uomo?

(da: *Il giorno della civetta*, Einaudi, 1961)

1982

Il 3 settembre viene assassinato, insieme alla giovane moglie e all'agente di scorta, il generale Dalla Chiesa, l'uomo che era riuscito a sconfiggere il terrorismo e che era stato mandato in Sicilia a combattere contro la mafia. (In una vignetta Forattini, uno dei più famosi disegnatori satirici italiani, riassume in pochi tratti la tragedia che si è compiuta).

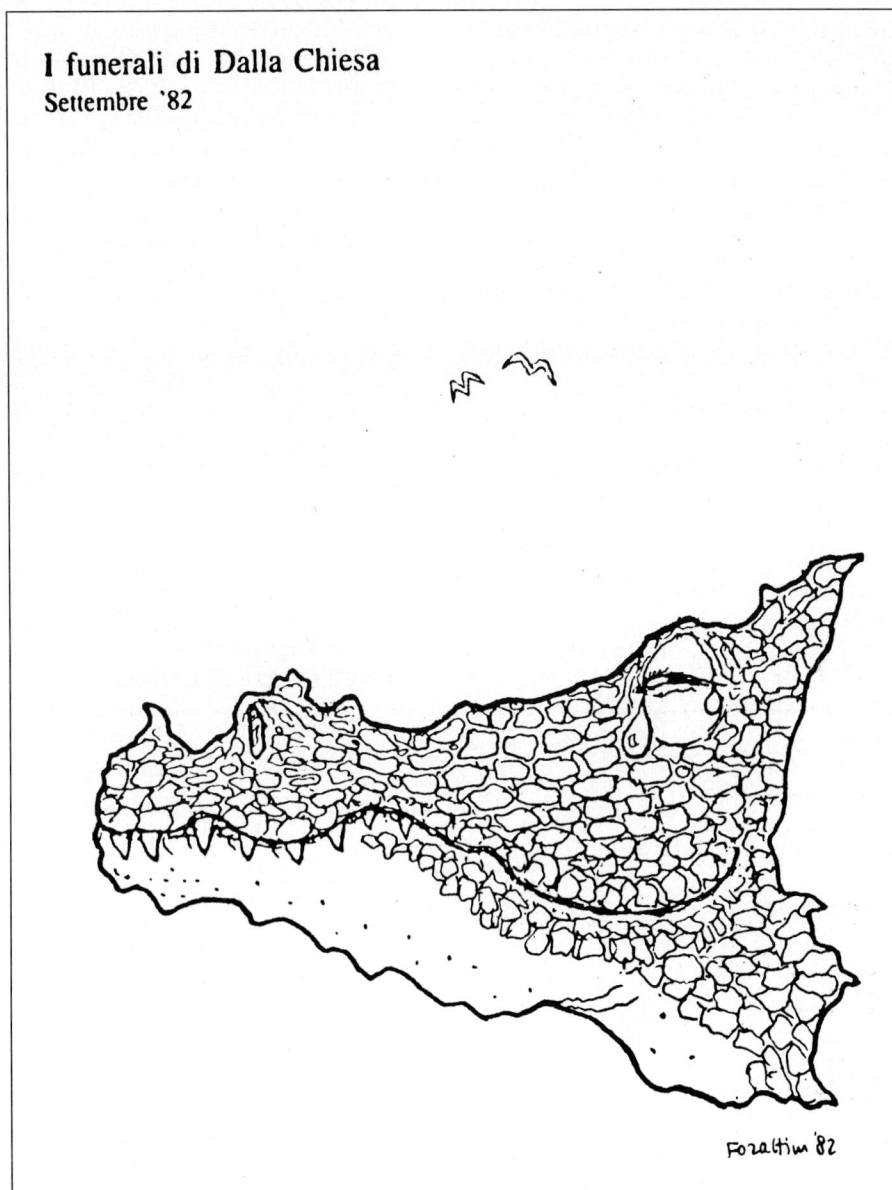

I funerali di Dalla Chiesa
Settembre '82

Forattini '82

(da: *Panorama*)

1992

Il 23 maggio un' esplosione sull'autostrada che porta a Palermo causa la morte del giudice Falcone, della moglie e di tre agenti della scorta. Giovanni Falcone aveva messo in piedi il primo grande processo contro la mafia. In una lunga intervista Giuseppe Ayala, suo amico e collega, racconta tra l'altro il rapporto che intercorreva fra Falcone e Buscetta, un capomafia che aveva deciso di collaborare con la giustizia.

"Senza la collaborazione di Buscetta non avremmo mai raggiunto l'obiettivo del maxiprocesso né potuto mettere in galera tanti mafiosi né ridisegnare la mappa delle cosche. E Buscetta non avrebbe mai parlato se davanti a lui ci fosse stato un giudice diverso da Giovanni Falcone. Del resto, di tutto il resto, non voglio neanche parlarne. Di strumentalizzazioni ne abbiamo subite tante, su Falcone sono sorte montagne di polemiche: non voglio alimentarle anche dopo la sua morte".

Lei ha assistito più volte agli interrogatori di Falcone a Buscetta: ci può dire perché il boss soltanto a Falcone raccontava tante cose?
"Perché Falcone aveva saputo prenderlo per il verso giusto e perché esercitava un fascino straordinario. Giovanni rispettava Buscetta, questo sì, rispettava profondamente la sua intelligenza raffinata, la sua dignità. Buscetta non ha mai rinnegato il suo passato, se ha accusato i vecchi compagni è perché riteneva che loro avessero tradito il codice d'onore, non lui".

E Buscetta come si comportava nei confronti di Falcone?
"Aveva una abitudine e una qualità antiche: soppesare, misurare l'avversario. Aveva quindi studiato nei dettagli anche Falcone, intuendo la grandezza dell'uomo. Da siciliano. Lui, dotato di un carisma eccezionale, davanti a Falcone sapeva di essere il numero due".
Erano amici?
"Macché amici".

(Il Venerdì di *Repubblica*, 5 luglio 1992)

Il 19 luglio 1992, una bomba uccide il giudice Paolo Borsellino e gli uomini della sua scorta. Paolo Borsellino aveva lavorato a stretto contatto con Falcone nel pool antimafia.
10 giorni dopo arrivano in Sicilia i soldati che aiuteranno le forze di polizia nel lavoro di controllo del territorio.

☐ **la Repubblica**
martedì 28 luglio 1992

Siamo razzisti?

- **La nostra società è razzista?**

  No 64,6%

  Manca informazione 0,4%

  Non so 20,8%

  Sì 14,2%

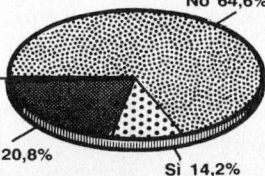

- **L'afflusso di extracomunitari verso il nostro Paese è:**

  Eccessivo rispetto alla situazione socio-economica del Paese 52,8%

  Eccessivo 21,9%

  Non so 0,4%

  Compatibile con le nostre possibilità 14,3%

  Ancora contenuto 10%

  Molto basso 0,6%

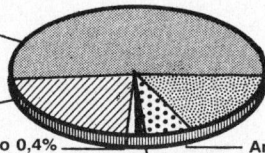

Occupazione: quali sono i problemi in relazione agli extracomunitari

Ci sarà un aumento della disoccupazione 38,3%

Manca spazio per i lavoratori stranieri 13,4%

Non so 4,5%

Garantire il lavoro prima ai nostri disoccupati 43,8%

CORRIERE DELLA SERA
DOMENICA 17 NOVEMBRE 1991

E' peggio il razzismo del padrone

MASTER FOTO/F. TOIATI

lunedì 21 dicembre 1992 PAESE SERA

ROMA. Edoardo è un polacco della faccia da Kirghiso. Vive a Roma da più di due anni ed è un bravo muratore ("mastro" ci tiene a precisare). Alcune sere fa, mentre rientrava dopo aver lavorato per dieci ore ha sentito un sasso colpirlo di striscio sulla testa: si è voltato ed ha visto una ventina di giovanissimi davanti ad un bar, con fare cattivo, che lo insultavano e lanciavano sassi e bottiglie.

Sua moglie ha raccontato l'episodio all'Osservatorio sulla xenofobia di via Conte Verde 58. Per Edoardo però c'è un altro razzismo, meno evidente e più pericoloso: "Ho lavorato per quindici giorni in un bar - racconta - senza prendere una lira. Ieri l'ingegnere mi ha telefonato e mi ha detto che i soldi non ci sono. E' vero che mi avevano fatto firmare un foglio, ma io non lo capivo. Lo so, non dovevo firmarlo, ma che potevo fare?"

Tiziano Martini

161

Assistenza sanitaria agli immigrati
di Paolo Corio

(da: *L'educatore sanitario*, febbraio '91)

Gli extracomunitari che si sono regolarizzati possono ora contare su un'assistenza sanitaria gratuita. Ma i problemi rimangono, primo fra tutti quello della lingua, come dimostra ironicamente la 'striscia'.

L'ostacolo della lingua

Un altro problema, forse il più grave, è l'incomprensione linguistica e culturale tra i nostri medici e questi nuovi pazienti 'imposti' dalla legge. Molte università stanno già promuovendo al proposito corsi di aggiornamento professionali ma, quasi sempre, le conoscenze acquisite si infrangono contro il muro della lingua. "Senza contare - aggiungono al Naga - che queste persone hanno riferimenti del corpo estremamente diversi dai nostri. Fare una diagnosi diventa così molto difficile e spesso il paziente, non sentendosi compreso, fa un vero e proprio 'shopping' di medici, nella speranza che alla fine qualcuno ne capisca i bisogni. È stato il caso di un nostro assistito, afflitto da un grave stato d'ansia, che in tre giorni si è sottoposto a quattro elettrocardiogrammi girovagando per le strutture ospedaliere di Milano. Era sufficiente prescrivergli dei tranquillanti, ma nessuno è riuscito a stabilire un rapporto con questa persona".
A questo dovrebbe aggiungersi la formazione e l'inserimento nel Ssn (Sistema sanitario nazionale) di figure professionali di madrelingua, valorizzando le risorse già presenti nelle comunità etniche. "In un ospedale milanese - conclude Italo Siena - un arabo è rimasto ricoverato per dieci giorni in attesa di qualcuno che, parlando la sua lingua, riuscisse a fare l'anamnesi. Una spesa di 4 milioni esclusivamente per la mancanza di un'interprete ...". Chi può, deve allora darsi da fare. In ogni caso l'assistenza sanitaria non può prescindere dall'intervento sociale: un'aspirina può fare ben poco, se chi la prende dorme in auto.

GUERRA:

'situazione di grave contrasto o dissidio fra Stati, che si tenta di risolvere con l'uso delle armi' - 'stato di discordia esistente tra due o più persone'.

Loc.: **bollettino di guerra**, **criminale di guerra**, **dichiarare la guerra**, **entrare in guerra contro qualcuno** 'intraprenderla', **essere in pieno assetto di guerra** 'pronti a dare inizio alle ostilità', **essere sul piede di guerra** 'pronti per intraprenderla', **fare la guerra** 'guerreggiare', **gionta di guerra**, **grido di guerra** 'che incita al combattimento', **guerra a colpi di spillo** 'caratterizzata da continui dispetti e malignità', **guerra atomica** 'guerra nucleare', **guerra batteriologica**, **guerra chimica** 'con esplosivi venefici', **guerra civile** 'combattuta tra opposte fazioni di cittadini', **guerra dei nervi** 'combattuta con la diffusione di notizie allarmistiche', **guerra di logoramento** 'che tende a esaurire il nemico', **guerra di posizione** 'in cui gli eserciti sono attestati su due linee fortificate che si fronteggiano', **guerra di successione** 'per una successione al trono', **guerra di tariffe** 'attuata in campo economico per danneggiare un Paese elevando i dazi o instaurando divieti', **guerra domestica** 'fra parenti', **guerra economica** 'per neutralizzare il potenziale economico di un Paese nemico accrescendo il proprio', **guerra fredda** 'stato di acuta tensione fra due Stati senza ostilità militari', **guerra lampo** 'condotta con la massima concentrazione di potenza per raggiungere un fulmineo successo', **guerra mondiale** 'cui partecipano le maggiori potenze del mondo', **guerra santa** 'per la riconquista dei luoghi sacri o per il trionfo di una religione', **leggi di guerra** 'promulgate durante la guerra per cause da essa determinate', **partire in guerra contro qualcuno** 'muovergli d'assalto', **uomo di guerra** 'soldato', **zona di guerra** 'dove si svolgono le operazioni belliche'.

Der: **guerrafondàio** 'che, chi è sostenitore a oltranza della guerra', **guerreggiare** 'fare la guerra', 'combattere', **guerresco** 'di guerra', 'propenso alla guerra', **guerriero** 'uomo d'arme, spec. dell'antichità o della leggenda', 'bellicoso', 'valente nella guerra', **guerriglia** 'forma di lotta condotta da formazioni irregolari di armati che combattono un esercito regolare, **guerrigliero** 'combattente civile o militare che partecipa alla guerriglia'.

PACE:

'l'assenza di lotte e conflitti armati tra popoli e nazioni', 'buona concordia, serena tranquillità di rapporti', 'tranquillità e serenità dello spirito e della coscienza'.

Loc: **darsi pace** 'rassegnarsi', **fare opera di pace**, **far pace con qualcuno** 'rappacificarsi', **in santa pace**, **lasciare in pace** 'non disturbare' **mettere il cuore in pace** 'rassegnarsi', **riposare in pace** 'si dice di chi è defunto', **trattato di pace** 'accordo internazionale con cui due o più stati convengono di porre termine allo stato di guerra esistente tra di loro'.

Der: **paciére** 'mediatore di pace', **pacificare** 'riconciliare, metter in pace, riportare alla pace', **pacificatore** 'chi pacifica', **pacificazione** 'atto, effetto del pacificare o del pacificarsi', **pacifico** 'che ha carattere affabile e tranquillo e rifugge da ogni litigio e violenza', **coesistenza pacifica**, **pacifismo** 'atteggiamento di chi ama la pace, movimento a favore dell'abolizione della guerra come mezzo di soluzione delle controversie internazionali', **pacifista** 'chi sostiene il pacifismo', **pacioccone** 'persona grassoccia e di carattere gioviale e bonario', **pacioso** 'pacifico, quieto'.

(da: *Il nuovo Zingarelli*, Vocabolario della lingua italiana, Zanichelli, 1990)

Le ultime parole famose...

— Vai, figliolo, e vinci, in modo... che questa sia l'ultima guerra!

(da: *Settimana Enigmistica*, n. 3053)

E SE SMETTESSIMO DI FARE ARMI?

E POI CI UCCIDIAMO A PUGNI E CALCI? BEL PROGRESSO!

(dal calendario 1992 di Greenpeace)

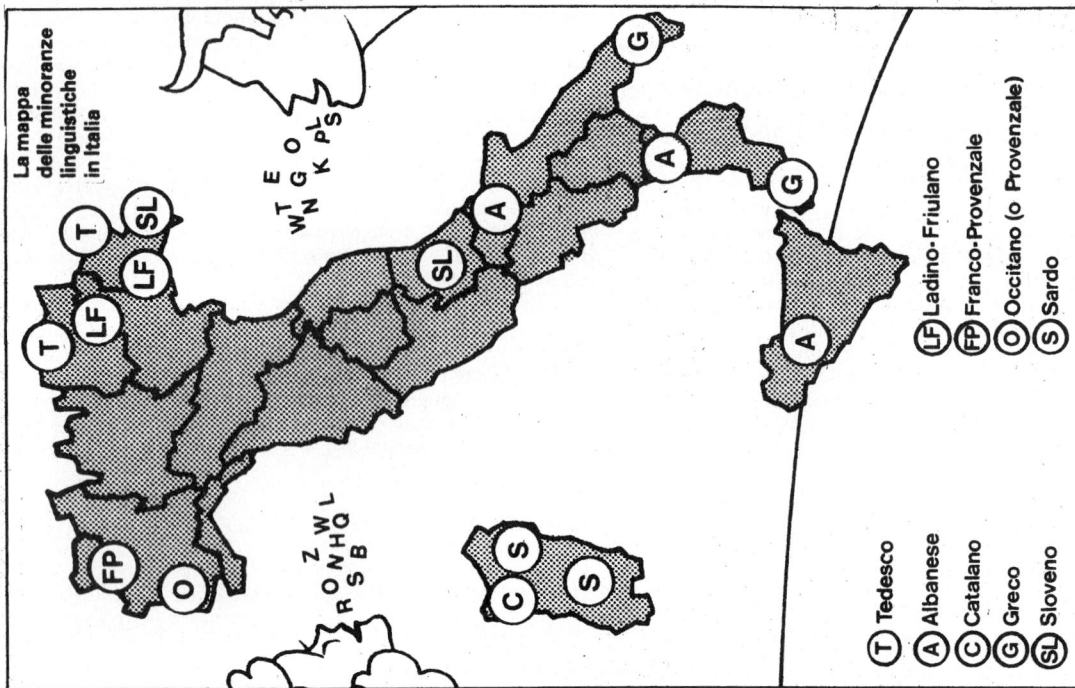

La mappa delle minoranze linguistiche in Italia

T Tedesco
A Albanese
C Catalano
G Greco
SL Sloveno

LF Ladino-Friulano
FP Franco-Provenzale
O Occitano (o Provenzale)
S Sardo

□ la Repubblica
venerdì 22 novembre 1991

La legge sull'insegnamento delle "lingue tagliate" spacca in due la Sinistra

le minoranze linguistiche

Maestri di dialetto ed è subito guerra

"Così il Paese torna al passato"

Con le nuove norme le minoranze
linguistiche potranno tornare a parlare
il loro idioma negli uffici pubblici
e a scuola: ecco quanto sono numerosi
e dove vivono i nove gruppi etnici interessati

Tre milioni di "altri" italiani

di CONCITA DE GREGORIO

ROMA – La proposta di legge per la tutela delle minoranze linguistiche è stata approvata mercoledì scorso alla Camera e passa ora all'esame del Senato. In 18 articoli il testo indica la strada per dare piena dignità a nove tra le principali «lingue diverse dall'italiano» parlate da vari gruppi etnici della penisola. E' prevista anche la tutela della lingua gitana, in uso nei gruppi nomadi e semistanziali di zingari di origine slava e ungherese. Le minoranze etnico-linguistiche, dice la legge, avranno il diritto di usare la loro lingua nei consigli comunali e nelle scuole (materne ed elementari ma anche medie, su richiesta), negli uffici pubblici ma non in quelli giudiziari. La lingua locale sarà ammessa nei programmi della Rai regionale e nella segnaletica stradale. Chi vorrà potrà ripristinare l'antico cognome. I Comuni, su richiesta, dovranno pubblicare gli atti dello Stato nell'idioma del luogo. La materia sarà regolata dalle Regioni, che potranno accogliere le domande di comunità non inferiori al 15% della popolazione residente nel comune che fa richiesta.

La legge riguarda nove aree linguistiche con storia, caratteristiche e origini assai diverse. Con l'aiuto di Luca Serianni, docente di storia della lingua italiana all'Università «La Sapienza» di Roma, e di Sergio Salvi, autore di un testo fondamentale sull'argomento, «Le lingue tagliate», ne disegniamo qui una mappa, partendo dalle comunità più numerose.

Sardi: sono circa 1 milione e 400 mila. La lingua è diffusa in tutta l'isola tranne che ad Alghero (catalana) e a Carloforte, S. Antioco e Calasetta (liguri). E' considerata una delle più antiche lingue di origine latina, molto caratterizzata e fortemente distinta dall'italiano.

Ladini: la lingua ladina, o retoromanza, è divisa in tre ceppi: il ladino dolomitico, il friulano e il ladino romancio, quarta lingua nazionale della Svizzera, parlata nel canton Grigioni. In Italia i ladini sono 730 mila. 25 mila i dolomitici, che vivono in Trentino e nel Veneto, nelle valli del massiccio del Sella. Oltre 700 mila i friulani: abitano le province di Gorizia, Udine e parte di quella di Pordenone.

Tedeschi: sono circa 330 mila di cui 15 mila fuori dall'Alto Adige. L'insediamento principale è nel Tirolo meridionale, e riguarda tutta la provincia di Bolzano: sono popolazioni tedesche «originarie». Risale invece al XIII° secolo l'arrivo di gruppi di contadini e minatori della Carinzia nella zona di Trento, di Udine e in parte del Veneto. I tedeschi della provincia di Trento (5 comuni) si chiamano mocheni. Sono cimbri quelli arrivati in Veneto, e rimasti in 4 comuni delle province di Belluno, Verona e Vicenza. In Friuli, sono di lingua tedesca 4 comuni in provincia di Udine. Si chiamano walfer (vengono dal canton Vallese) le popolazioni germaniche che abitano in Piemonte (2 comuni in provincia di Novara, 3 nel vercellese) e in 3 comuni della Valle d'Aosta.

Sloveni: 100 mila circa, quasi tutti nella Venezia Giulia. Sono i comuni di confine con la Jugoslavia, insediamenti originari che risalgono al VI° secolo: 6 in provincia di Trieste, 7 in provincia di Gorizia, 19 in provincia di Udine. Risale invece alle ondate migratorie via mare del decimo secolo l'origine delle colonie **serbo croate** in Molise (3 comuni in provincia di Campobasso).

Occitani: circa 150 mila. E' la lingua d'Oc, quella dei trovatori. La parlano le popolazioni che vivono ai piedi delle Alpi in Piemonte (le alte valli in provincia di Torino e di Cuneo) e in due comuni liguri, in provincia di Imperia.

Franco provenzali: sono circa 90 mila. La lingua, una mistura di francese e occitano, è diffusa il tutta la Val d'Aosta (esclusi i tre comuni tedeschi) e in alcune valli piemontesi (la bassa valle di Susa).

Albanesi: sono circa 100 mila. Le prime ondate migratorie risalgono alla metà del 1400: arrivarono nel 1448 i mercenari al servizio di Alfonso I d'Aragona, re di Napoli. Poi, alla fine del secolo, la grande fuga dall'Albania dopo la conquista turca. Gli insediamenti attuali sono in Calabria (26 comuni), in Puglia (4 comuni nelle province di Foggia e Taranto), in Sicilia (5 comuni, tra cui Piana degli albanesi). Centri sparsi anche in Basilicata (5 comuni), Abruzzo, Campania e in Molise.

Greci: 20 mila circa. La comunità principale è nel Salento, 9 comuni in provincia di Lecce. Ne resta traccia anche in 5 comuni di Reggio Calabria. Qualche storico fa risalire l'origine di queste comunità alla Magna Grecia. Prevale però la teoria che si tratti di ripopolamenti bizantini, del IX-X secolo.

Catalani: circa 15 mila. Vivono solo ad Alghero, in provincia di Sassari. L'origine della comunità risale al 1354, anno della conquista della città da parte di Pietro IV d'Aragona. Il catalano di Alghero è simile alla lingua di Barcellona, ma molto più arcaico e condito da sardismi e italianismi.

Il galateo ovvero le buone maniere

da: AA.VV. *Il libro d'oro della donna*, 2 vol., Ed. Labor, 1959 (3ª ed. 1965)

I primi libri per insegnare quale fosse il portamento di un aristocratico sono stati scritti nel Cinquecento. Il trattato più conosciuto in Italia è "Il Galateo" scritto da Giovanni Della Casa (1503-1556), di origine fiorentina, prete, autore di poesie latine e italiane. Un vescovo e amico, Galeazzo, gli suggerì di scrivere un trattato nel quale un vecchio deve insegnare a un giovinetto i modi da tenere o da evitare in una conversazione. Il titolo del suo libro è diventato sinonimo di buona educazione.

IL SALUTO

È il primo segno di rispetto e di cortesia, comune a tutti i popoli e a tutti i tempi, ed è meglio abbondare nei saluti piuttosto che correre il rischio di passare per maleducati. La stretta di mano è il saluto più comune e più semplice: tuttavia anche in questo campo vi sono delle regole che vanno attentamente osservate. Il giovane che saluta una persona anziana, l'uomo che saluta una signora, l'inferiore che saluta un superiore, non devono porgere la mano per i primi, ma aspettare che venga loro tesa. E anche qui vige la norma della misura: non si deve tendere la mano mollemente, né dare una stretta troppo energica a quella che ci viene tesa, sì da farne sentire le conseguenze.

IL BACIAMANO

In alcuni ambienti vige ancora l'uso del baciamano: è una forma di saluto dell'uomo alla donna molto elegante e gentile che deve essere eseguito però con grande sicurezza per non cadere nel ridicolo o nella goffaggine. L'uomo, con movimento sciolto e naturale, deve inchinarsi leggermente, sollevare delicatamente la mano che gli dovrà esser porta senza alcuna ostentazione e sfiorarla appena con le labbra.

LE PRESENTAZIONI

Sia in casa, sia per la strada, la presentazione è una piccola cerimonia che richiede tatto, signorilità e rispetto assoluto della norma base del galateo: l'uomo *deve* essere *sempre* presentato alla donna, la persona più giovane alla più anziana, l'inferiore al superiore. Talora si pronunciano solo i nomi delle due persone, talaltra si usano brevi formule come: "*Signora..., mi permetta di presentarLe il signor...*" oppure: "*Signora..., conosce il signor...?*". Se la persona alla quale viene fatta la presentazione fosse di una notorietà assoluta, non se ne pronuncerà il nome, ma si dirà solamente: "*Eccellenza, permetta che le presenti la signora...*".
Gli uomini potranno presentarsi tra di loro, annunciando semplicemente il proprio cognome ed omettendo qualsiasi titolo nobiliare o professionale (quest'ultimo è necessario solo in riunioni d'affari). Le signore evitino il più possibile di doversi presentare da sole: se le circostanze lo rendessero necessario (ricevimenti molto numerosi) dicano con semplicità il proprio nome e cognome (e non "Sono la Signora..., la scrittrice..., la dottoressa). Se ci si trova in un salotto sarà caso mai la padrona di casa che, presentando l'amica ad altre persone, siano uomini o donne, ne indicherà la peculiare attività che meriti di essere posta in evidenza. Alla presentazione altrui si risponde con la presentazione propria, con una stretta di mano e accennando col capo un saluto garbato; è gentile aggiungere brevi parole convenevoli, come: "Piacere", "Molto lieto", "Fortunatissimo".

Non cadere nel ridicolo o nella goffaggine

LA CRISI DELL'INCONTRO

di Jutta Bauer

(da: *Donna moderna*, 1990)

INCOLLA QUI I TUOI RITAGLI DI GIORNALE

INCOLLA QUI I TUOI RITAGLI DI GIORNALE

INDICE

Presentazione di Renzo Titone .... p.   5

Prefazione .... p.   7

PARTE PRIMA: La gente .... p.   9
    I bambini (p. 11) Gli anziani (p. 17) Le donne (p. 21)
    La famiglia (p. 27) La religione (p. 31) Il carattere (p. 37)

PARTE SECONDA: La casa .... p. 45
    Tipi di alloggio (p. 47) Abitare (p. 53) Ambiente (p. 61)

PARTE TERZA: Il lavoro .... p. 67
    Scuola e lavoro (p. 69) I diritti (p. 77)
    Che lavoro fai? (p. 81)

PARTE QUARTA: Tempo libero .... p. 85
    La televisione (p. 87) L'Italia in musica (p. 91)
    Il cinema (p. 97) La lettura (p. 101) Lo sport (p. 105)

PARTE QUINTA: Il viaggio .... p. 109
    In treno (p. 111) In aereo (p. 115) In auto (p. 117)
    Le vacanze (p. 123)

PARTE SESTA: Comprare .... p. 131
    Dove (p. 133) Come (p. 137) Cosa (p. 143)

PARTE SETTIMA: Temi d'oggi .... p. 153

note

note

note

note

L'italiano per stranieri

Amato • **Mondo italiano**
testi autentici sulla realtà sociale e culturale italiana
libro dello studente
quaderno degli esercizi

Ambroso e Stefancich • **Parole**
10 percorsi nel lessico italiano - esercizi guidati

Avitabile • **Italian for the English-speaking**

Battaglia • **Grammatica italiana per stranieri**

Battaglia • **Gramática italiana para estudiantes
                de habla española**

Battaglia • **Leggiamo e conversiamo**
letture italiane con esercizi per la conversazione

Battaglia e Varsi • **Parole e immagini**
corso elementare di lingua italiana per principianti

Bettoni e Vicentini • **Imparare dal vivo****
lezioni di italiano - livello avanzato
manuale per l'allievo
chiavi per gli esercizi

Buttaroni • **Letteratura al naturale**
autori italiani contemporanei con attività di analisi linguistica

Cherubini • **L'italiano per gli affari**
corso comunicativo di lingua e cultura aziendale

Diadori • **Senza parole**
100 gesti degli italiani

Gruppo META • **Uno**
corso comunicativo di italiano per stranieri - primo livello
libro dello studente
libro degli esercizi e sintesi di grammatica
guida per l'insegnante
3 audiocassette

Gruppo META • **Due**
corso comunicativo di italiano per stranieri - secondo livello
libro dello studente
libro degli esercizi e sintesi di grammatica
guida per l'insegnante
4 audiocassette

Gruppo NAVILE • **Dire, fare, capire**
l'italiano come seconda lingua
libro dello studente
guida per l'insegnante
1 audiocassetta

Humphris, Luzi Catizone, Urbani • **Comunicare meglio**
corso di italiano - livello intermedio-avanzato
manuale per l'allievo
manuale per l'insegnante
4 audiocassette

Istruzioni per l'uso dell'italiano in classe
88 suggerimenti didattici per attività comunicative

Maffei e Spagnesi • **Ascoltami!**
22 situazioni comunicative

Marmini e Vicentini • **Imparare dal vivo**∗
lezioni di italiano - livello intermedio
manuale per l'allievo
chiavi per gli esercizi

Marmini e Vicentini • **Ascoltare dal vivo**
manuale di ascolto - livello intermedio
quaderno dello studente
libro dell'insegnante
3 audiocassette

Paganini • **issimo**
quaderno di scrittura - livello avanzato

Radicchi e Mezzedimi • **Corso di lingua italiana**
livello elementare
manuale per l'allievo
1 audiocassetta

Radicchi • **Corso di lingua italiana**
livello intermedio

Radicchi • **In Italia**
modi di dire ed espressioni idiomatiche

Spagnesi • **Dizionario dell'economia e finanza**

Totaro e Zanardi • **Quintetto italiano**
approccio tematico multimediale - livello avanzato
libro dello studente
quaderno degli esercizi
2 audiocassette
1 videocassetta

Urbani • **Senta, scusi...**
programma di comprensione auditiva con spunti di produzione libera orale
manuale di lavoro
1 audiocassetta

Urbani • **Le forme del verbo italiano**

Verri Menzel • **La bottega dell'italiano**
antologia di scrittori italiani del Novecento

Vicentini e Zanardi • **Tanto per parlare**
materiale per la conversazione - livello medio avanzato
libro dello studente
libro dell'insegnante

Bonacci editore

Classici italiani per stranieri

testi con parafrasi a fronte e note

1. Leopardi • *Poesie* a cura di P.E. Balboni
2. Boccaccio • *Cinque novelle* a cura di M. Spagnesi
3. Machiavelli • *Il principe* a cura di S. Maffei
4. Foscolo • *I sepolcri e i sonetti* a cura di M.C. Luise
5. Pirandello • *Così è (se vi pare)* a cura di P.E. Balboni

in preparazione:

Manzoni • *Inni, odi e cori* a cura di P.E. Balboni
D'Annunzio • *Poesie* a cura di M.C. Luise
D'Annunzio • *Novelle* a cura di M.C. Luise
Pascoli • *Poesie* a cura di F. Biotti
Dante • *Inferno* canti scelti a cura di C. Beneforti
Dante • *Purgatorio* canti scelti a cura di C. Beneforti
Dante • *Paradiso* canti scelti a cura di C. Beneforti
Poeti del dolce stil novo a cura di M. Voltolina

Libretti d'opera per stranieri

testi con parafrasi a fronte e note

1. *La Traviata* a cura di E. Povellato
2. *Cavalleria rusticana* a cura di P.E. Balboni
3. *Il barbiere di Siviglia* a cura di S. Carresi

in preparazione:

La Bohème a cura di E. Povellato
Rigoletto a cura di C. Scaglioso

Bonacci editore

Dica 33
il linguaggio della medicina
libro dello studente
guida per l'insegnante
1 audiocassetta

L'arte del costruire
libro dello studente
guida per l'insegnante

Una lingua in pretura
libro dello studente
guida per l'insegnante
1 audiocassetta

I libri dell'arco

1. P.E. Balboni • *Didattica dell'italiano a stranieri*
2. P. Diadori • *L'italiano televisivo*
3. P. Micheli (cur.) • *Test d'ingresso d'italiano per stranieri*
4. A. Benucci • *La grammatica nell'insegnamento dell'italiano a stranieri*
5. *Curricolo d'italiano per stranieri*

Università per Stranieri di Siena - Bonacci editore

Finito di stampare nel mese di Luglio 1995 da «La Fotocromo Emiliana» - Via Sardegna, 30 Osteria Grande (BO)